人間を育てる

【菊池道場流】

作文の指導

菊池省三
田中聖吾
中雄紀之

はじめに

二〇一二年七月に、NHKの人気番組「プロフェッショナル仕事の流儀」に出演しました。放送後に、たくさんの方から、お手紙やお葉書、メールなどをいただきました。面識のない方からも多くのそれらをいただきました。

一つ一つに目を通していたときに、同じような内容があることにふと気がつきました。それは、「先生は、子どもを育てようとしているのではなく、人間を育てようとしているように思いました」といった内容です。私の拙い教育実践に対して、有り難すぎるお言葉だなあと思いながらも、今でも心に残っています。

私の代表的な指導実践としてあの番組で紹介されたのは、「ほめ言葉のシャワー」と「成長ノート」でした。コミュニケーション力を育てる「ほめ言葉のシャワー」と、書く力を育てる「成長ノート」でした。

本著は、その中の「成長ノート」に代表される、作文指導についてまとめたものです。

私は、教師になったときから、その当時の教育界がそうであったように、作文指導にも力を入れてきました。地元の諸先輩からだけではなく、全国の実践家、理論家からも学ばせていただきました。

そんな学びの中から、私なりの作文指導を見つけようとしてきました。教室の中で、子どもたちの事実から、書くという学習活動の中から、それを見つけようとしていたのです。

しかし、力のない一教師の私にはなかなか厳しいものがありました。挫折しそうになりました。そんなときに私を支えてくれたのが仲間でした。「菊池道場」で共に学び合っている仲間です。道場に集う仲間と、毎週一回、早朝までの勉強会を続けました。毎回十時間近くにも及ぶ修行の場でした。その仲間との学びの中から、自分の目指している作文指導の在り方が少しずつ見えてきました。

約十年かかりました。私に学ぶ厳しさや楽しさを教えてくれた菊池道場メンバーのおかげで、追い求めていた「人間を育てる作文指導」の全体像がはっきりしてきたのです。

本著には、このような「菊池道場」での学びが詰まっています。それらを、「菊池道場流　作文の指導」という形でまとめています。

これからの時代に必要な、新しい作文指導の在り方を共に考え、執筆していただいた田中聖吾氏、中雄紀之氏には、心から感謝しています。また、今回も粘り強く応援していただいた株式会社中村堂の中村宏隆氏にもお礼を申し上げます。ありがとうございました。

本著が、多くの教室での作文指導の実践に役立つことを期待しています。

菊池道場長　菊池　省三

第一章　書くことは人間を育てること

菊池省三

1. 私の学んだ作文指導の歴史

私は、愛媛県で生まれ育ち、大学時代を山口県で過ごし、卒業と同時に福岡県北九州市で教師になりました。私が就職した昭和五七年は、まだ一学年五クラス、六クラスが普通の時代でした。赴任した学校でも、私を含めて三名の初任教師がいました。今でいう大規模校でした。北九州市内約百三十校の小学校は、どこも同じような時代でした。

私が教壇に立ったその頃の作文指導は、生活綴り方教育の考え方が色濃く残っていました。そして、北九州市の国語教育は、単元学習が中心でした。大村はま先生、倉沢栄吉先生の時代です。ですから、作文教育も活発でした。子どもたちの生活に密着した指導だったと記憶しています。

多くの先生方が、子どもたちに日常的に文章を書かせていました。毎日、日記を書かせている先生も多く、私も初任のときから見よう見まねで取り組んでいました。放課後に赤ペンを入れることは、当たり前の仕事でした。また、先輩教師の多くは、子どもの作文を紹介する学級通信を定期的に出されていました。職員室で、それらを手に、子どものことを熱く語り合っていました。私は、そんな姿を眺めながら教職人生をスタートさせました。

一年目に、こんなことがありました。二学期も終わろうとしていた頃です。ある男の子の日記に、「昨日は、家族で焼き肉を食べに行きました。ぼくは、四百枚以上食べました」といった内容がありました。正確には覚えていませんが、私は、「すごいね。たくさん食べたんだね。・・」といったコメントを書いたように記憶しています。

数週間後に、学期末の個人懇談会がありました。その男の子のお母さんから、「四百枚なんて、先生は気づきませんでしたか。あの子はああやって嘘をつくんです」と、少し不満げに言われました。私は、「すみません」と言うのが精いっぱいでした。子どもの表現するその奥までも読まなければならないということを考えさせられたときでした。

このような失敗を繰り返しながらも一人前の教師になりたいと思い、地元のサークルにも出かけて学ぶようになりました。若手教師で集まり、勉強会を毎週行いました。作文指導は、そのような場で学ぶ中心でもありました。大村先生、倉沢先生の全集を買い、夜が明けるまで書き込みをしながら読み続けました。そこで書かれていた「子どもから学ぶ」という考え方に強く惹かれました。

そんな数年を過ごし、作文を書かせることに少し自信を持ち始めた頃、「大作づくり」に挑戦し始めました。個人文集です。教師になって五年目のことです。その後、数年間は毎年つくっていました。毎回、学級平均が四百字詰め原稿用紙百枚以上で、最高は四百枚を超える「大作」となっていました。自費で印刷会社に製本をしてもらい、子どもたちと満足感に浸っていました。地元の新聞にも何度か大きく取り上げられました。その「大作」の中に書かれている子どもたちの生活の事実を、丹念に読んでいくことが何よりの楽しみでもありました。今から思うと、ただ書かせるだけ

讀賣新聞

卒業の思い出「個人文集」

足原小6年4組

クラス全員が奮起

400枚の大作も

十八日の卒業式を前に、小倉北区足原、足原小（絹水五郎校長）六年四組の児童三十三人の卒業記念個人文集が出来上がった。子供ながらに取り組んだ「自分史」を兼ねた作品で、四百字詰め原稿用紙平均百七十枚の力作ぞろい。担任の菊池哲二先生がポケットマネーを出して製本を引き受けた。八年後、成人式を迎えた時に持ち寄って友情を深めよう、という。

菊池先生は「文章を書くことで、自分を見つめたり、高めることができる」として作文教育に力を入れている。子供たちは六年の一学期、阿蘇や別府への修学旅行の思い出をつづった文集作りでは、お互いに競い合うように原稿用紙の枚数を重ねた。

卒業文集作りでは「生まれた時から十二年間の自分の歴史をしっかり見据えてみよう」と目標を定めた。

四百枚書いて、クラスで一番の"大作"を仕上げた中川汐子さんは、国鉄マンのお父さんを中心にした五人家族の二女。一月下旬から徹夜したり、遊ぶ時間を切り詰めながら自分の周りを振り返った。製本段階では一冊におさまり切らないため、上巻、下巻に分けたほど。

表紙には、クラス全員が写った記念写真を飾り、巻頭言に代えて「君も僕も美しい。……山と山が讃嘆しあうように……、人間と人間が讃嘆したいものだ」とうたった武者小路実篤の詩をのせた。

それに続けて、それぞれに、家族構成、趣味、性格など、詳細なデータを書きつらねたり、自分の成長過程を示すカラー写真を添えながら海水浴やキャンプなど家族旅行、学校行事など、生活の一コマ一コマを拾い集めた。

個人文集を手に、自信と満足の足原小６年４組の児童

▲昭和 62 年（1987 年）3 月 16 日　読売新聞北九州版

であり、作文指導とは呼べないものであったかもしれません。しかし、子どもたちの生活背景までも掴み、子どもたちを深く理解しようとしていた時期でもありました。「子どもの生活に学び、人間として育てる」という、現在の私の作文指導の原型です。

その後、教育界に法則化運動がわき起こり、言語技術教育が現場でも中心となってきました。私も、気がつくと、その流れの中にいました。

当時、小さいながらもサークルをつくっていた私は、市毛勝雄先生、野口芳宏先生といった著名な先生方を何度も地元北九州にお呼びして、セミナーや講演会を開いて学びました。そこでは、作文の書かせ方を学んだように思います。教えていただいた一つ一つの作文技術は、とても魅力的でした。子どもたちの作文技術も飛躍的に伸びたように覚えています。

現在の私の中心的な指導となっているコミュニケーション指導と並行して、その後も言語技術教育について学び続けました。学習ゲーム、短作文、ディベート作文、・・・と日々の実践はその時々で変わりましたが、いつも意識の中心には「子どもを人間として育てる作文指導」がありました。

このような変遷をたどって、現在では二〇一二年にＮＨＫ「プロフェッショナル仕事の流儀」でも取り上げられた、「成長ノート」を通しての書かせる指導が、私の中心的な作文指導となっています。若かった時代に学んだ生活綴り方教育や単元学習における「生活からの学び」を中心とした指導に、その後の「言語技術」を中心とした指導を融合させた私なりの作文指導です。

2. 人間を育てる「菊池道場流作文の指導」を求めて

私が、「菊池道場」を立ち上げたのは、十年ほど前のことです。それまでのサークルを発展させる形で、新しくスタートさせました。北九州市内に一軒家を借り、毎週金曜日の勤務後の七時から、土曜日の早朝まで行う学びの場としてスタートさせ、そこでの学びを「菊池道場」と呼ぶようにしたのです。

最初は、三人でした。毎週、実践を持ち寄り学び続けました。その頃は、部屋に何もない状態でした。それぞれの学級の子どもたちの作文を持ち寄っては、何時間も議論を繰り返していました。「気になる子」の作文のよいところを百個探すことや、「なぜ、この子はこう書いたのか」といった作文を深読みする学びを朝まで行っていたのです。

当時、メンバー全員が、困難校と呼ばれる学校に勤務していました。附属小学校や落ち着いた学校のような実践は、思うようにはできませんでした。教育的には厳しい環境でした。けれども、全く書けない子、鉛筆さえ持とうとしない子どもも多い教室での実践を持ち寄り、自分たちの指導の在り方を探り続けました。「どうにかしてその子の思いを書かせたい」「その子の内側を理解し、少しでもその子らしさを引き出して育てたい」といった思いだけでした。

学級一人ひとりの「極微の成長」を喜び合って、夜が明けるまで学び合えることを支えに語り

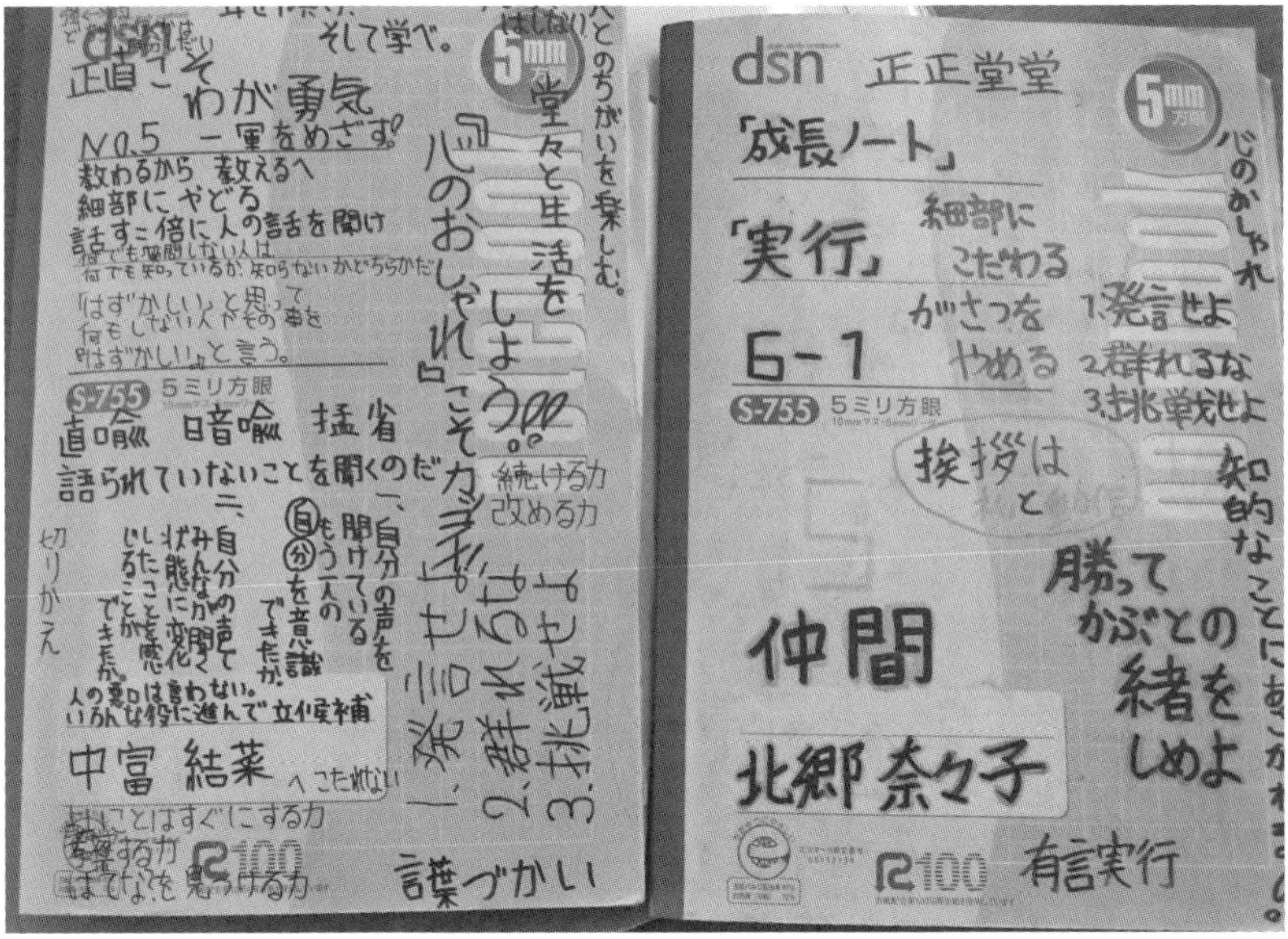
正直こそわが勇気
No.5 一軍をめざす!
教わるから教えるへ
細部にやどる
S-755 5ミリ方眼
語られていないことを聞くのだ
中富 結菜
人とのちがいを楽しむ。
堂々と生活をしよう
1.発言せよ
2.群れるな
3.挑戦せよ
dsn 正正堂堂
「成長ノート」
「実行」
細部にこだわる
がさつをやめる
6－1
1.発言せよ
2.群れるな
3.挑戦せよ
心のおしゃれ
S-755 5ミリ方眼
挨拶は
勝ってかぶとの緒をしめよ
仲間
北郷奈々子
有言実行
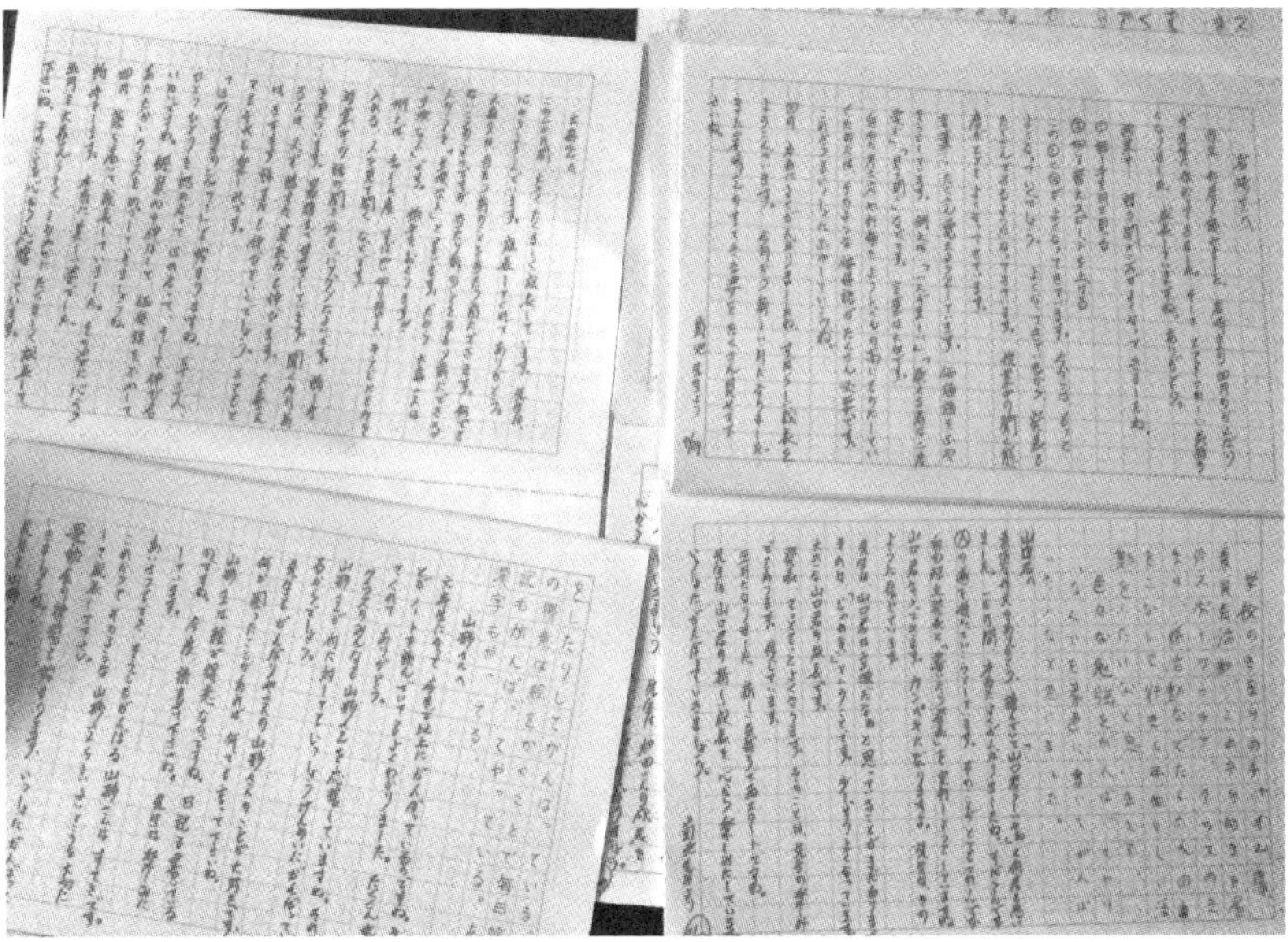

合っていました。時間が経つのも忘れて、子どもたちの書いた作文の中から、その子らしさや可能性を見つけては、喜び合っていたのです。

そんなもがき続ける学びの中から、「成長ノート」が生まれました。菊池道場流作文の指導の根幹になるものです。厳しい子どもたちを「一人前の人間として成長させたい」という強い思いから生まれた作文指導ノートです。

成長ノートと名付けたこのノートを、一言で表すならば、「教師が全力で子どもを育てるためのノート」です。担任である教師が、子どもを公（社会）に通用する人間に育てようと、自分の信じる価値観をぶつけ続け、それに子どもが真剣に応えようとするノートです。菊池道場では、この成長ノートを核として、言葉の指導を行い、その指導を通して人間を育てようとしているのです。

大袈裟に感じられる方もおられるかもしれませんが、「成長ノート」には、子どもを変える力があると確信しています。「成長ノート」を通して、子どもたちは新しい自分を見つけていきます。未来を信じて、より自分らしく生きていこうとするのです。その成長する姿は、若い頃に出会った生活綴り方教育や単元学習を通して育った子どもたちの姿と重なります。

力のある素晴らしい仲間と共に、菊池道場流の作文の指導を十年以上も模索してきました。本著で述べる考え方とその指導の在り方は、大村はま先生の「ことばがあるからこそ、人間が人間になるのです」というお言葉に、少しでも近づくことができる一つの道標だと私は思っています。

3. 今、教師に望むこと

最近、「作文を書かせない教師」「作文を読むことができない教師」・・こんな教師が増えてきたように思います。教室の中から、作文が消えかかっているような気がするほどです。

私は、若い頃に、次のような子どもの詩と出会いました。

「練習を何度もして、
やっと逆上がりができた
ぼくの横で、
先生が、
ぼくよりも喜んでいた」

「夏やすみに
忘れ物を取りに職員室に行った。
先生が、ランニングを着て、
分厚い本を読んでいた。
入り口から声をかけると、

本を閉じて振り向いた時、

『お母さんの病気はよくなったか』

と聞いてくれた」

という詩です。

今でも読むと心が震えます。こんな先生になりたいと強く思ったことを忘れられません。二十代の頃だったと思います。


私が、今、教師に望むことは、子どもたちの作文を「深読み」「深掘り」できる教師になってほしいということです。表現された言葉の奥にある子どもの心の声に耳が傾けられる教師であってほしいということです。そして、その声に寄り添うことができる教師であってほしいということです。


初めて卒業させた三十年前の六年生が、卒業文集の中に、次のような作文を書いていました。

題名は、「三分間の私の授業参観日」です。

「私には、両親はいません。お姉ちゃんと二人です。

お父さんの顔は覚えていません。お母さんは、五年生の時に病気で亡くなりました。

私にとっての小学校生活での授業参観は、

三分間でした。

一年生の時のことでした。

お母さんが、たった一度だけ来てくれました。

仕事のお昼休みを使って、来てくれたのです。

たくさんのお父さんやお母さんの中から
私はお母さんを探しました。

教室の後ろの奥に、私のお母さんがいました。

手をふりました。

お母さんも笑って手をふってくれました。

次に見た時には、
お母さんは、もういませんでした」

若かった私は、授業を行うことだけで精いっぱいだったと思います。この女の子は、授業参観日の度に辛い思いをしていたのでしょう。理解できていませんでした。理解しようという自分さえありませんでした。「作品主義に走ることだけは止めよう」とそのときに決めました。

教師は、子どもの言葉の心の声に、寄り添える人間にならなければいけないと強く思っています。

第二章　「菊池道場流作文の指導」を学んで

田中聖吾

1．書かない、書けない子どもたち

「今日は、運動会のことについて作文を書きましょう」

「エー」

「この前、運動会があったでしょう。みんな頑張っていたじゃないか。そのことを書けばいいんだよ」

「そんなこと言われても・・・」
・・・

子どもたちに作文を書かせようとするとき、このような教師と子どものやり取りが多くの教室で見られるのではないかと思います。お恥ずかしいことに、私も教師になったばかりの頃は、子どもたちと同じようなやり取りをしていた記憶があります。

もちろんこのようなやり取りの後でも、子どもたちの多くは作文を書いてくれるでしょう。しかし、その内、すすんで作文に取り組んでいる子どもはクラスの一、二割程度でしょうか。本当に少数です。残りの大部分の子どもは「何を書いたらよいのだろう」「書けないよ」「なんとか早く終わらせよう」というようなマイナスの気持ちで作文に取り組んでいるように感じます。

また、書き上げた子どもたちの作文を読むと次のような内容のものが多いことに気付きます。

・時系列にできごとだけを羅列している
・いちばん伝えたいことがよく分からない
・「楽しかった」「おもしろかった」「がんばった」などのありきたりな言葉ばかりで自分の考えを
　表現している
・段落がなく、内容のまとまりが分かりにくい
・・・

つまり、せっかく苦労をして書き上げた作文であっても、伝えたいことが分かりにくかったり、面白みに欠けたりしているのです。

以前、毎日の宿題に日記を出していたとき、

> 今日は、一時間目に算数、そして二時間目に国語、そして三時間目に社会科・・・。そして、家に帰ってテレビを見て、ご飯を食べて、宿題をして、ゲームをしました。楽しかったです。

というような内容を、毎日繰り返し書いてくるAくんという子どもがいました。

私自身も「せっかく頑張って書いているんだから・・・」というように思い、励ましのコメント、書き方のアドバイスや誤字脱字の指摘等をして返し続けました。

そのようなことが続いているうちに、Ａくんは日記を少しずつ書かなくなりました。毎日書いていたのが、週に一〜二回程度になり、そして一学期が終わる頃には、ほとんど書かないようになってしまいました。

そのようなことと時を同じくして、Ａくんと周りの友達との間で少しずつトラブルが多くなってきました。些細なことが原因で言い争いになったり、ひどいときにはけんかをしてしまったり、というようなことが続くようになってきました。その子どもも、いつもイライラとしていて、マイナスの方に向かっている自分自身を止めることができない様子でした。

一度、Ａくんと友達とのけんかの仲裁をするために、教師が間に入って話をしたことがありました。その時、Ａくんにけんかのことを聞いても話がよく分からなかったので、作文に書かせてみることにしました。

しばらくしてＡくんが書き上げた作文を読んでみました。Ａくんなりに一生懸命に書いた作文だったと思います。しかし、その作文からは「けんかの原因は何だったのか」というようなことがほとんど伝わってきませんでした。以前書いていた日記と同様に、「・・・・をしました。そして・・・。そして・・・。そして・・・」と時系列にできごとだけを書いたものだったのです。

頻繁にトラブルを繰り返すＡくんのような子どもの話を聞くことがよくあります。

なぜ、このような子どもたちは、マイナスの方へと向かっていってしまうのでしょうか。もちろん原因は様々です。しかし、私は、その原因の大きな一つに「書かない、書けない」ことがあげられるのではないかと考えます。

「書くことは考えること」と言われます。

それは、書くことにより、自分の考えが整理されたり、広がったり、深まったりしていくからです。また、書き続けることで自分をより深く理解したり、相手やある価値について深く考えたりすることもできるようになります。このようなことからも、書くことと考えることとは密接な関係があるということは明らかです。つまり、書くことを通して、子どもたちは人間として大きく成長することができるのです。

子どもたちは、国語科の学習で「書くこと」について系統的に学んでいるはずです。しかし、多くのクラスで作文を書かない、書けない子どもたちが多くいるように感じます。

書くことを子どもたちの成長とつなげて考えると、作文を書かない、書けない子どもたちのことを、単に文章で表現することが苦手というように考えるのは、私は少し危険な感じがしてしまうのです。

2. 作文を書かせられない教師

「作文を書く」という学習活動は、教科を問わず、すべての学習で行われます。最近では、言語活動の充実ということもあり、子どもたちが作文を書く機会も多くなってきているようです。

では、子どもへの作文の指導を、教師はどのように行っているのでしょうか。

よく見られるのが、子どもが書いた作文に対しての「誤字脱字の指摘」です。中には、誤字脱字の指摘しかされていない場合もあります。この場合、教師の作文を書かせる目的は「正確に文章が書ける」または「効果的な表現方法で文章が書ける」というものでしょう。確かに、「正確に文章が書ける」ことや「効果的な表現方法で文章が書ける」ことは大切なことです。しかし、それらのことばかりを作文を書く目的にしていては、いつまで経っても子どもたちの作文を書く力は高まっていきません。

子どもを自分に置き換えて想像してみてください。一生懸命書き上げた作文を教師に提出し、返ってきたものが誤字脱字の指摘だけだったらどのように思うでしょうか。

私だったら「がんばって書いたのに・・・」と落胆してしまうかもしれません。そして「アー、だから作文を書くのは嫌なんだよ」というように思ってしまうことでしょう。

それでは、「作文を書く」ということには、いったいどのような価値があるのでしょうか。

まず考えつくのが、書くことにより自分の考えや思いを相手に伝えることができるということです。つまり、自己の内面を振り返ったり整理したりして、相手に伝えるために文字に書いて表現するということができるのです。

しかも、書くことは話すことよりも確かさが要求されます。どんなに話が上手な人であっても、人に話した内容がそっくりそのまま文章になるということはありません。相手に分かりやすく伝えようと言葉を付け加えたり省いたり、または順序を入れ替えたりすることで、初めて話したことが文章になるはずです。つまり、書くことを通して、相手のことを考え、自分の思いや考えをできるだけ分かりやすく伝えようという心のはたらきを得ることができるのです。

そして、このようなことは、子どもたちがこれからの未来で生きていく上で非常に大切であり、価値あるものです。

「子どもたちを成長させていきたい」、多くの教師が担任を受け持つと思うことでしょう。

私は、子どもたちがよりよい方向へと成長していくためには、まず自分自身について振り返りながら行動する力、そして周りの人のことを考えながらつながっていく力が必要であると考えます。

これらの力は、放っておいて自然と育つようなものではありません。

そこで、重視したいことの一つに「書く」ということがあります。「書く」ということは、前述したように、自分のことを振り返って考えたり、分かりやすく伝えるために相手のことを考えたりすることができるものです。教師が、子どもたちに、人間を育てるという意識をもって「書く」指導を繰り返し行っていくことで、子どもたちは何倍もの大きな成長を遂げることができるはずです。

私が教師になったばかりの頃を振り返ってみると、本当に「作文を書かせられない教師」でした。子どもの作文の表面上のところしか見ていませんでした。もちろん、クラスの子どもたちの雰囲気もあまりよいものではなかったと思います。

そのようなとき、菊池省三先生が開かれている菊池道場に参加するようになりました。

この菊池道場には多くの先生方が参加されています。そして、毎回、実践のレポートやクラスの子どもが書いた作文等を持ち寄り、それをもとにして多くの意見の交流をするのです。

そこで、私がいちばんの衝撃を受けたのは、先生方から出される子どもの作文でした。子どもたちの「真剣に自分を見つめなおして成長していきたい」「友達ともっと仲を深めたい」というような思いがひしひしと伝わってくる作文ばかりだったのです。

これほどまでに人間的な成長をしている子どもたちの事実を見て、自分自身の作文の指導のあり方を深く反省したことを覚えています。

「もう、ちゃんと書きなさいって言ったのに、また間違えている。何回言ったら分かるんだろう…」

「あれほどていねいな字で書きなさいと指導したのに。ぜんぜん書けていないじゃないか。また書き直しをさせなくては…」

というような教師の心無い言葉を聞いたことがあります。

このような言葉が出てくる背景には、教師が、作文が書けていないことを子どものせいにしてしまっているということがあるのでしょう。きっと、子どもたちに作文を書かせることの目的や価値などを意識しようとせず、作文の指導にあたっているのではないでしょうか。

なんとも悲しくなってしまいます。

一昔前とちがい、現代の子どもたちを取り巻く状況は大変複雑になってきています。その影響もあり、子どもたちがかかわる問題も数多く耳にするようになってきました。

そのような時だからこそ、一人ひとりの子どもに人間的な成長をうながしていくような作文の指導は、大変意義深いことであると強く感じます。

すべての子どもに作文を書かせることのできる、人間的な成長を促すことのできる教師の力が求められているのです。

3．「菊池道場流作文の指導」で変わる子どもと教師

子どもたちが書いた作文を読みながらいつも思わされることは「文は人なり」ということです。文章は書き手の人柄を表します。つまり文章を見れば、その子どもの人間性、そしてクラスの様子等も分かってくるということです。

菊池道場で出される子どもたちの作文は、見方によると、毎回すばらしいといえるような内容のものではないかもしれません。誤字脱字のあるもの、ていねいな読みやすい字で書かれていないもの、稚拙な表現のもの等もあります。もちろん、このような文章の書き方の基本的なところについて話題に出ることもあります。

しかし、決してそのような話題ばかりではないのです。

この菊池道場に集まった先生方は、文章の書き方の基本的なところはもちろんのこと、その子どもの書いた作文を深読みし、作文を書いた子どもにどのような人間的な成長があったのか、また、このような内容の作文が書けるようにするための教師の指導はどのようなものだったのかということについて延々と話し合うのです。

つまり、「書くことによって、子どもたちを、人間を育てることができるはず」という強い信念のもと、子どもの成長したことやそのために教師が指導したことに重きをおいて追究しているので

す。

また、菊池道場には、教師以外の異業種の方も参加されています。医者、NPO団体の方、PTA役員の方等、実に様々な方々がいらっしゃいます。

そのような教師以外の方々からも「人間を育ててほしい」ということをよく言われます。多少の誤字脱字があったり、あまり上手くない文章表現であったりというようなことばかりを重視せずに、子どもたちの人間性を高めるような指導をしてほしいというのです。

実際、菊池道場で学んだ作文の指導を日々の教室で生かすことにより、私のクラスの多くの子どもも作文をどんどん書くことができるようになってきました。それと共に、プラスの行動が増えてきたり友達との仲が深まったりと、ぐんぐん成長していく子どもたちの姿も見ることができました。改めて、書くことを通して人間を育てることのすばらしさと重要性を再認識させられました。

これからは、菊池道場で出された子どもの作文をいくつか紹介します。あわせて、その作文を書いた子どもの変容を簡単に挙げていきます。

菊池道場流の作文の指導で変わる子どもたちを見て、感じていただければと思います。

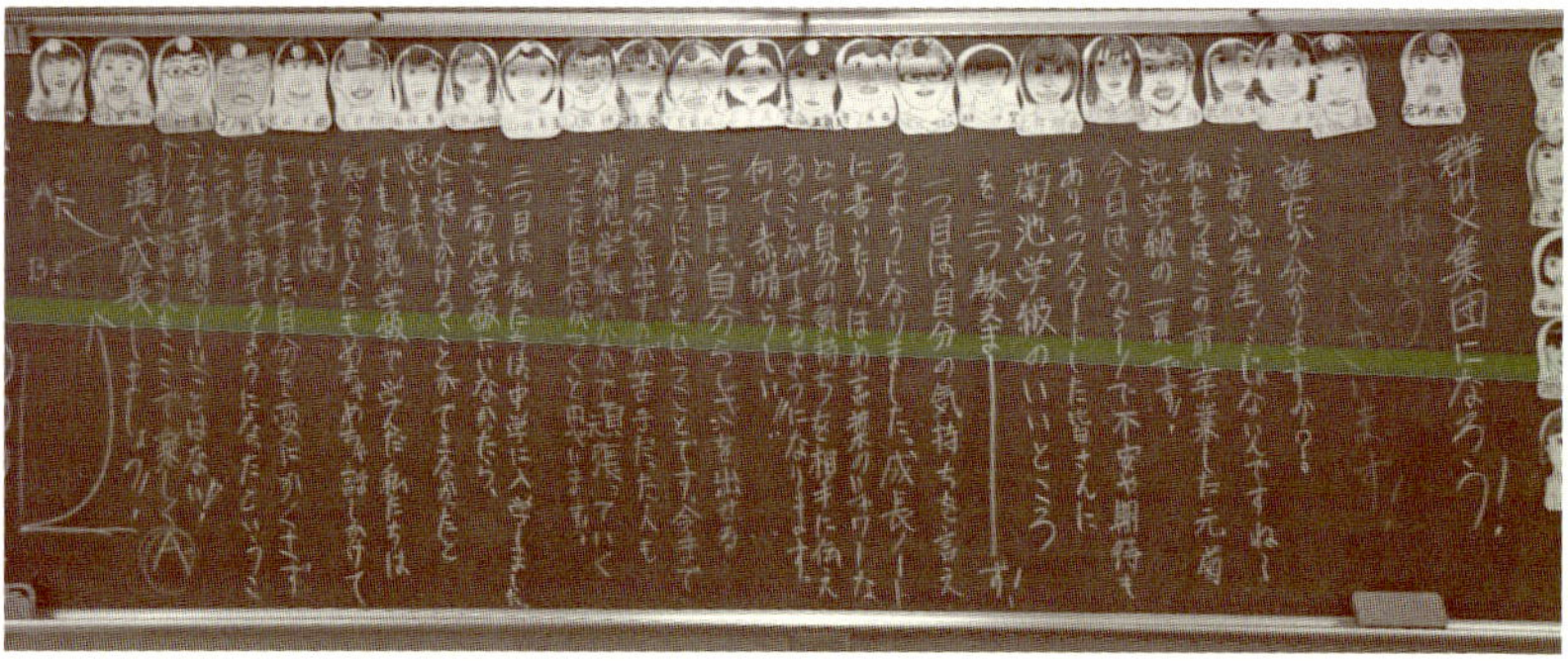

菊池学級の卒業生から六年生へのメッセージです。クラスがスタートしたばかりの四月の初め、昨年度の卒業生が小学校に来て書いたものです。

このメッセージを読むと、自分の成長をしっかりと実感して、それを後輩に伝えることで小学校生活最後の一年間を頑張ってほしいという思いが伝わってきます。

また「自分らしさを出そう」というようなことも書かれています。このメッセージを書いた子どもが六年生だったときに大切にしていたものなのでしょう。

もちろん、このメッセージを書いた子どもは中学校に行っても六年生のときと変わらず、積極的に自分を表現し、友達ともよい関係を築いているということを聞きました。きっと自分自身の成長をさらに加速させているのではないかと感じました。

左は、私が担任をさせてもらった四年生の子どもとの、ＳＮＳでのやり取りです。

四年生のときに取り組んだ「成長ノート」（「第四章　自信と安心

を育てる『成長ノート』」に詳しく書かれています）のことを取り上げ、中学校でもやってみたいと書いています。

四年生の一年間で、ぐんぐんすばらしい成長をしていった子どもでした。本当に頑張り屋さんだったことを覚えています。

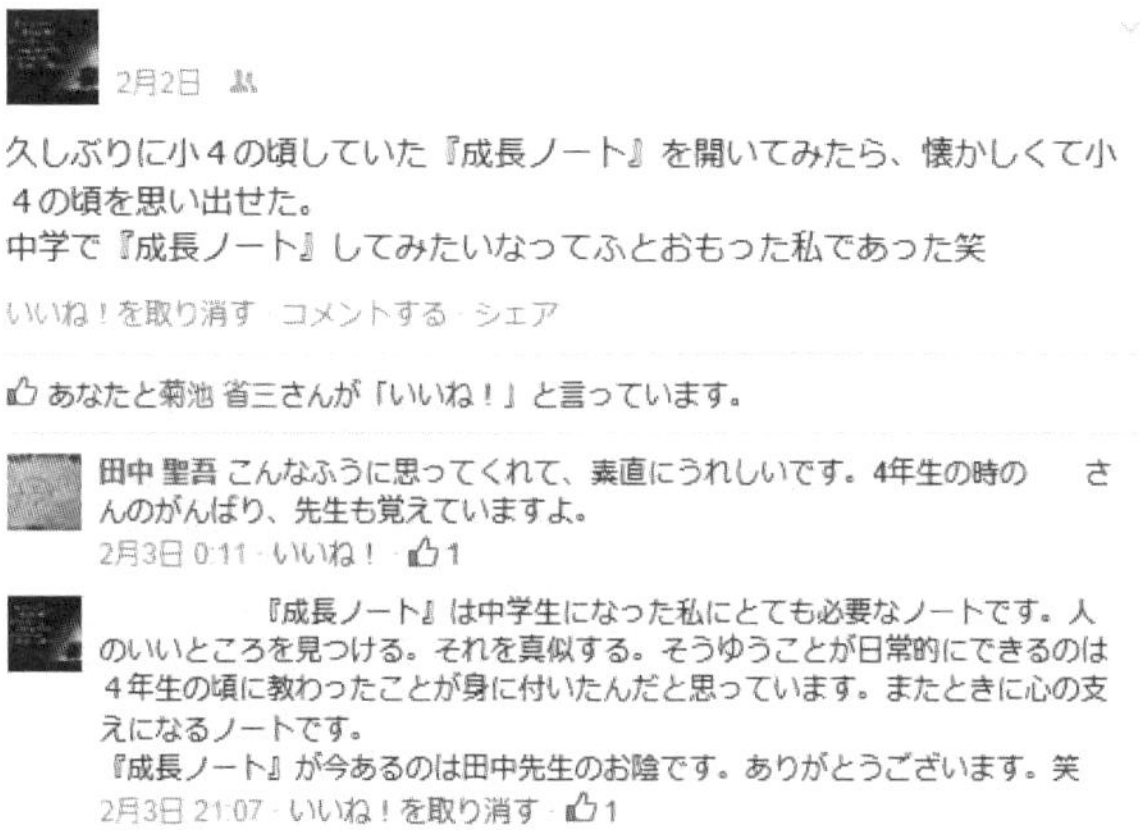

2月2日
久しぶりに小４の頃していた『成長ノート』を開いてみたら、懐かしくて小４の頃を思い出せた。
中学で『成長ノート』してみたいなってふとおもった私であった笑
いいね！を取り消す · コメントする · シェア
あなたと菊池 省三さんが「いいね！」と言っています。
田中 聖吾 こんなふうに思ってくれて、素直にうれしいです。4年生の時の　さんのがんばり、先生も覚えていますよ。
2月3日 0:11 · いいね！ · 1
『成長ノート』は中学生になった私にとても必要なノートです。人のいいところを見つける。それを真似する。そうゆうことが日常的にできるのは４年生の頃に教わったことが身に付いたんだと思っています。またときに心の支えになるノートです。
『成長ノート』が今あるのは田中先生のお陰です。ありがとうございます。笑
2月3日 21:07 · いいね！を取り消す · 1

自分自身の成長した事実が詰まった「成長ノート」は、何年か後の中学校でも、その子にとってかけがえのないものとなっているのではないかと感じました。

「成長ノート」は、私の担任した四年生の一年間だけしか取り組んでいませんでしたが、子どもの心に強く残り、一生の宝物になっているようです。

自分自身の成長を書いていく「成長ノート」のすばらしさを改めて感じることができました。

「自分を出すことに少し不安があり、そのことでネガティブになることがあります。それが嫌です」というようなことを朝の質問タイムで言った女の子がいました。

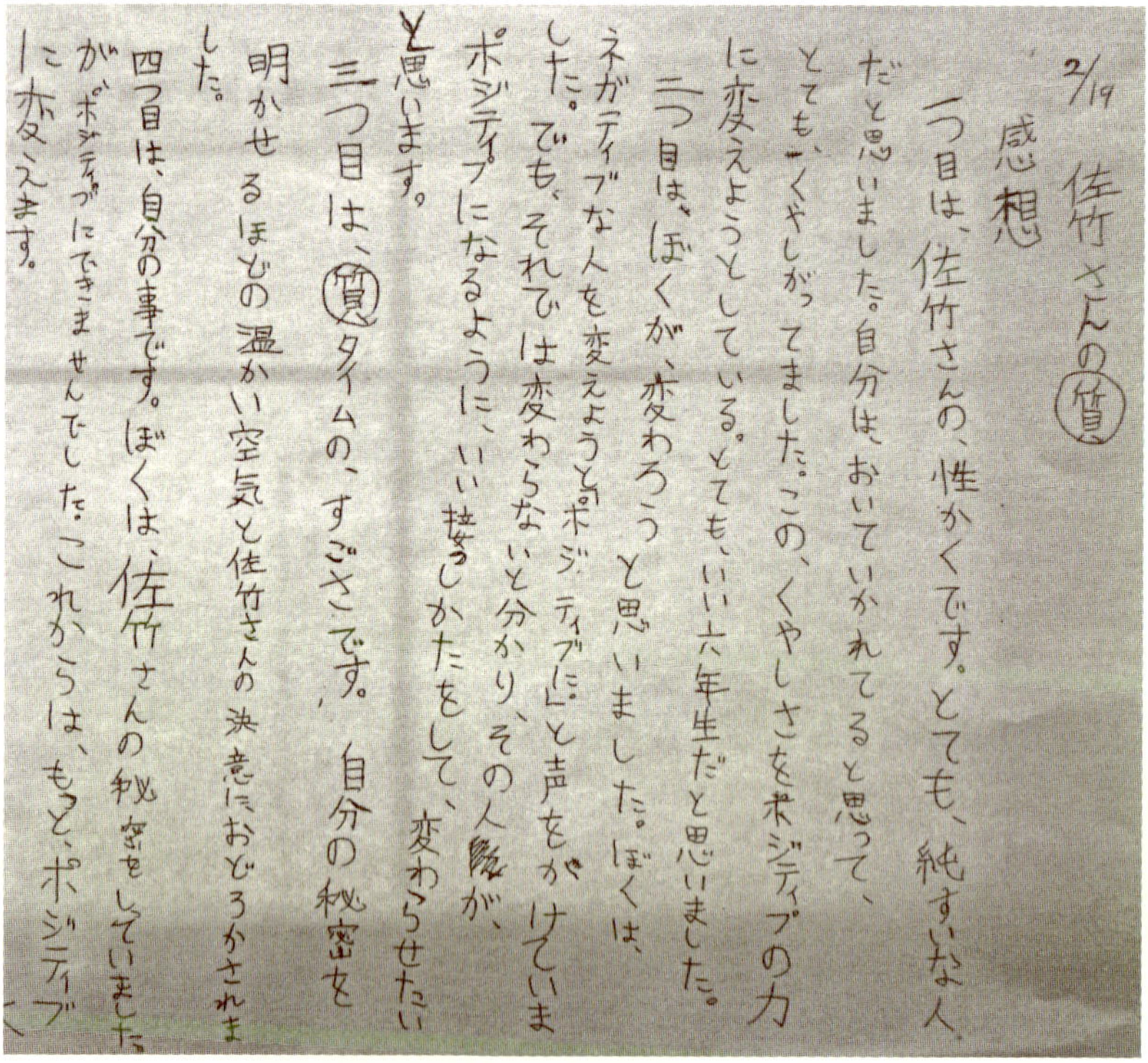
2/14 佐竹さんの(質)

感想

一つ目は、佐竹さんの、性かくです。とても、純すいな人だと思いました。自分は、おいていかれてると思って、とても、くやしがってました。この、くやしさをポジティブの力に変えようとしている。とても、いい六年生だと思いました。

二つ目は、ぼくが、変わろうと思いました。ぼくは、ネガティブな人を変えようと「ポジティブに」と声をかけていました。でも、それでは変わらないと分かり、その人が、ポジティブになるように、いい接しかたをして、変わらせたいと思います。

三つ目は、(質)タイムの、すごさです。自分の秘密を明かせるほどの温かい空気と佐竹さんの決意におどろかされました。

四つ目は、自分の事です。ぼくは、佐竹さんの秘密をしていましたがポジティブにできませんでした。これからは、もっと、ポジティブに変えます。

その女の子に対して、ある男の子が書いた作文です。

自分の秘密を語ってくれた女の子に対して、受け入れ、その上で「とてもいい六年生だと思いました」というように書いています。この作文を書いた男の子の温かさや、友達のことを思いやる優しさが感じられます。

また、女の子のネガティブがポジティブに変わるように自分自身の行動を変えるというところに、この作文を書いた男の子の人間的な心の強さ、クラスのみんなで支え合って成長していこうという雰囲気を感じ取ることができます。

この作文に対して「自分のネガティブなところが嫌」と言っていた女の子が、次のようにコメントを書いて返していました。

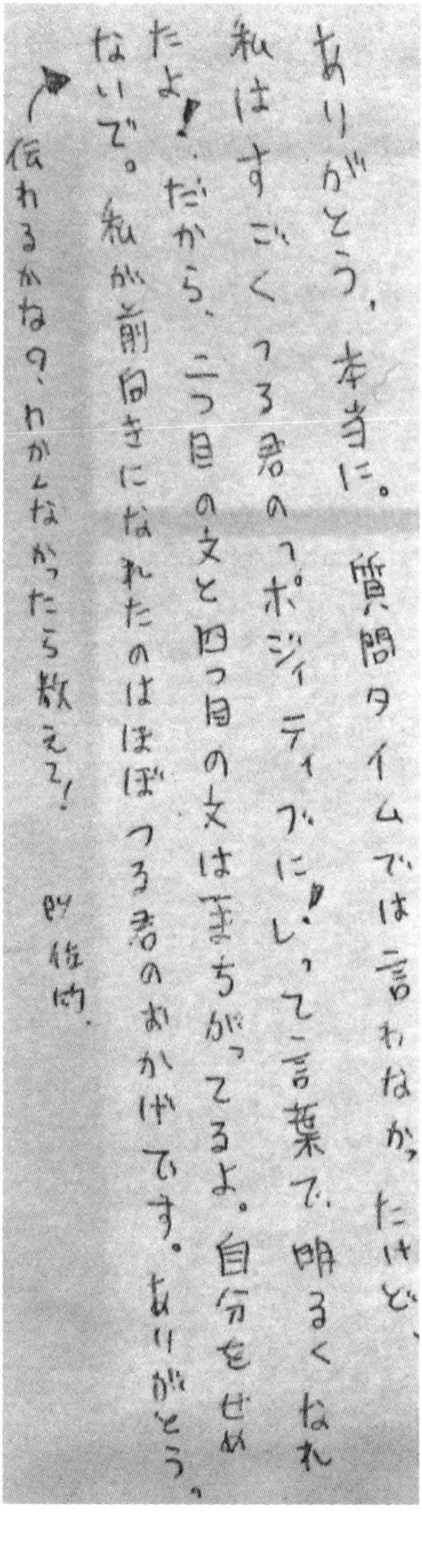
ありがとう、本当に。質問タイムでは言わなかったけど、
私はすごくつる君のポジティブに！って言葉で明るくなれたよ！だから、二つ目の文と四つ目の文は間ちがってるよ。自分をせめないで。私が前向きになれたのはほぼつる君のおかげです。ありがとう。
伝わるかな？わかんなかったら教えて！
阿佐内.

自分のマイナスを変えたい、そして友達といっしょに成長していきたいという強い気持ちが、このコメントから伝わってきました。また、作文を書いてくれた友達に対する感謝と思いやりもあふれています。

私もコメントを読み、このようなコメントを返せる女の子の優しさやしなやかさに感動させられました。そして、きっとこの子だったら、これからの未来をネガティブからポジティブに変え、自分自身を大きく成長させることができるのではないかと強く感じました。

第三章　人間を育てる「菊池道場流作文の指導」　ポイント12

田中聖吾

六年生の担任をしたとき、クラスに少し気になる子どもがいました。

この子は、四月に出会ったときには自分に自信がもてず、どちらかと言えばクラスでも目立つようなことはありませんでした。積極的に友達とかかわることも少なく、授業中もすすんで手を挙げて発言をすることはありませんでした。自分が思ったことや感じたこと等を表現することが上手くできずに、クラスのみんなとも馴染めていないようでした。

もちろん、作文を書くのも苦手でした。一学期の最初に出会ったときは、ノートに二、三行ぐらいしか書くことができませんでした。書いた内容を見ても、その子の伝えたいことがいったい何なのか、分かりにくいものでした。

しかし、このような子どもに対しても継続して菊池道場で学んだ作文の指導を行っていくことで、徐々に自分の伝えたいことを作文で表現できるようになってきました。

そして次第に、作文の中だけでなく、授業中や日常の生活場面でもすすんで自分を表現できる子どもへと変貌していきました。友達とのかかわりも良好なものとなり、楽しそうな表情を見せることが増えてきました。


菊池道場流作文の指導を意識して作文を書かせ続けることで、自分の行動や発言に自信をもち、なにごとにも積極的に取り組む子どもへと成長していったのです。

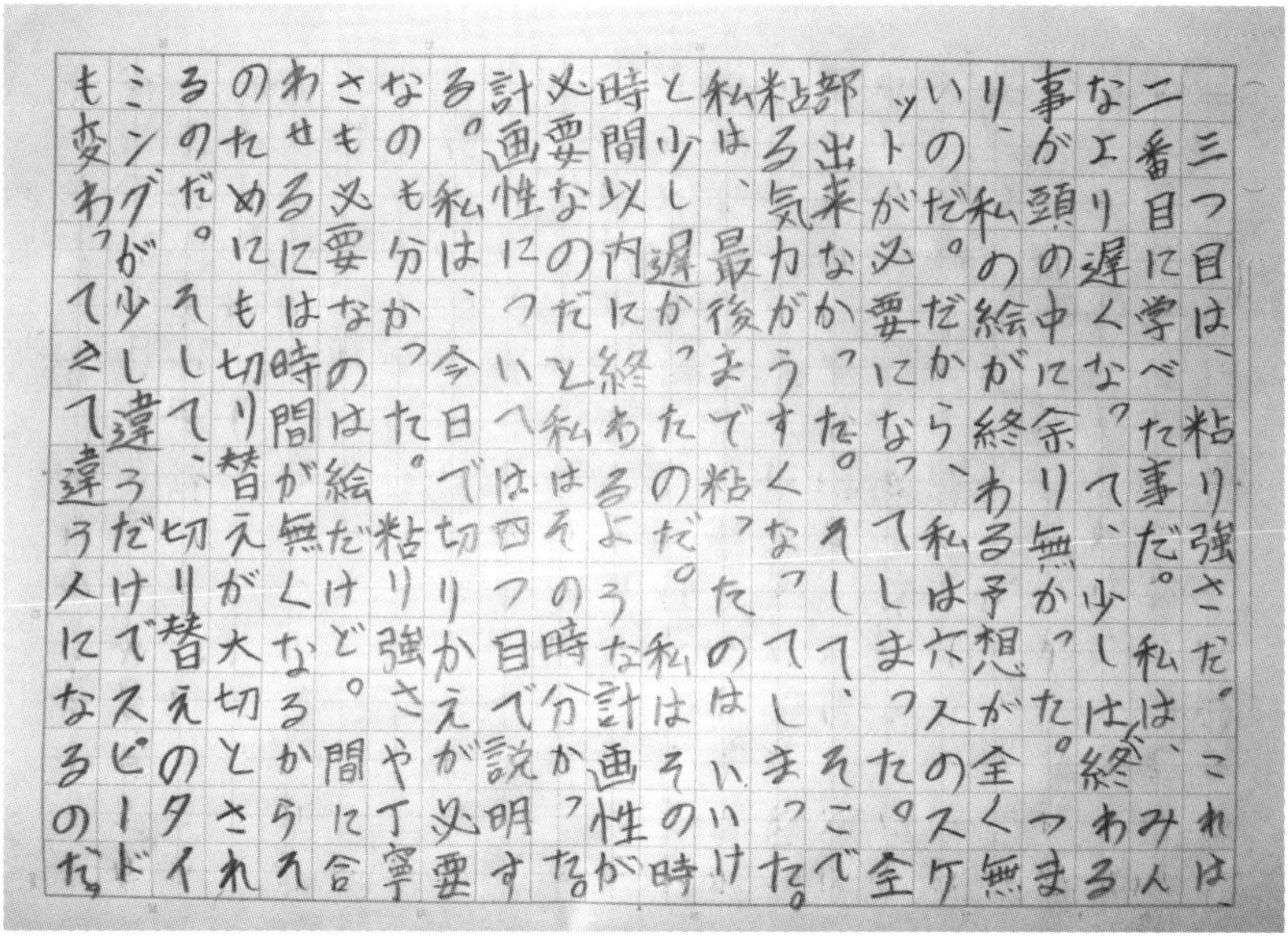
三つ目は、粘り強さだ。これは二番目に学べた事だ。私は、みんなより遅くなって、少しは終わる事が頭の中に余り無かった。つまり、私の絵が終わる予想が全く無いのだ。だから、私は六人のスケットが必要になってしまった。全部出来なかった。そして、そこで粘る気力がうすくなってしまった。私は、最後まで粘ったのはいいけと少し遅かったのだ。私はその時時間以内に終わるような計画性が必要なのだと私はその時分かった。計画性についへは四つ目で説明する。私は、今日で切りかえが必要なのも分かった。粘り強さや丁寧さも必要なのは絵だけど。間に合わせるには時間が無くなるかられのためにも切り替えが大切とされるのだ。そして、切り替えのタイミングが少し違うだけでスピードも変わってきて違う人になるのだ。

まさに作文の指導を通して人間を育てることができたのではないかと感じました。

作文の指導を通して人間的な成長をしてきたという子どもの事実が、菊池道場では実に多く出されます。このような子どもの事実を知ると、人間を育てるという視点での作文の指導の重要性を改めて思い知らされるのです。

この章では、子どもたちが人間的な成長をするための菊池道場流作文の指導のポイントを12個挙げていきたいと思います。

子どもたちへの作文の指導、そして人間を育てる一助にしていただければと思います。

1. 一人に一冊ノートを準備する

一年間のスタートのとき。教科書や資料集、教科のノートと一緒に子どもたちに必ず渡すものがあります。それが作文ノートです。菊池道場では、このノートを「成長ノート」と呼んでいます。

そして、子どもたちに次のような話をします。

> **「このノートは成長ノートといいます。これから一年間、君たちは頭も体も心も多くの成長をすることでしょう。その成長を、このノートに書き記していきます。一年後、自分の成長がびっしりと書かれているこの成長ノートは、みんなの宝物になると思いますよ」**

話のあと、ていねいに、表紙にそれぞれ自分の名前と「成長ノート」という題名を書かせます。一年後に宝物になるノートだからこそ、いちばんていねいな字で書かせるようにします。

このように一人に一冊ノートを渡し、その価値を説明することで「これから成長することをたくさん書くぞ」「一年間たくさん成長していこう」という前向きな気持ちを子どもたちにもたせることができます。また、時折、成長ノートに書かれた自分の作文を見直すことで、今までの自分を振り返ったり、今後成長していこうという意欲を高めたりすることもできるはずです。

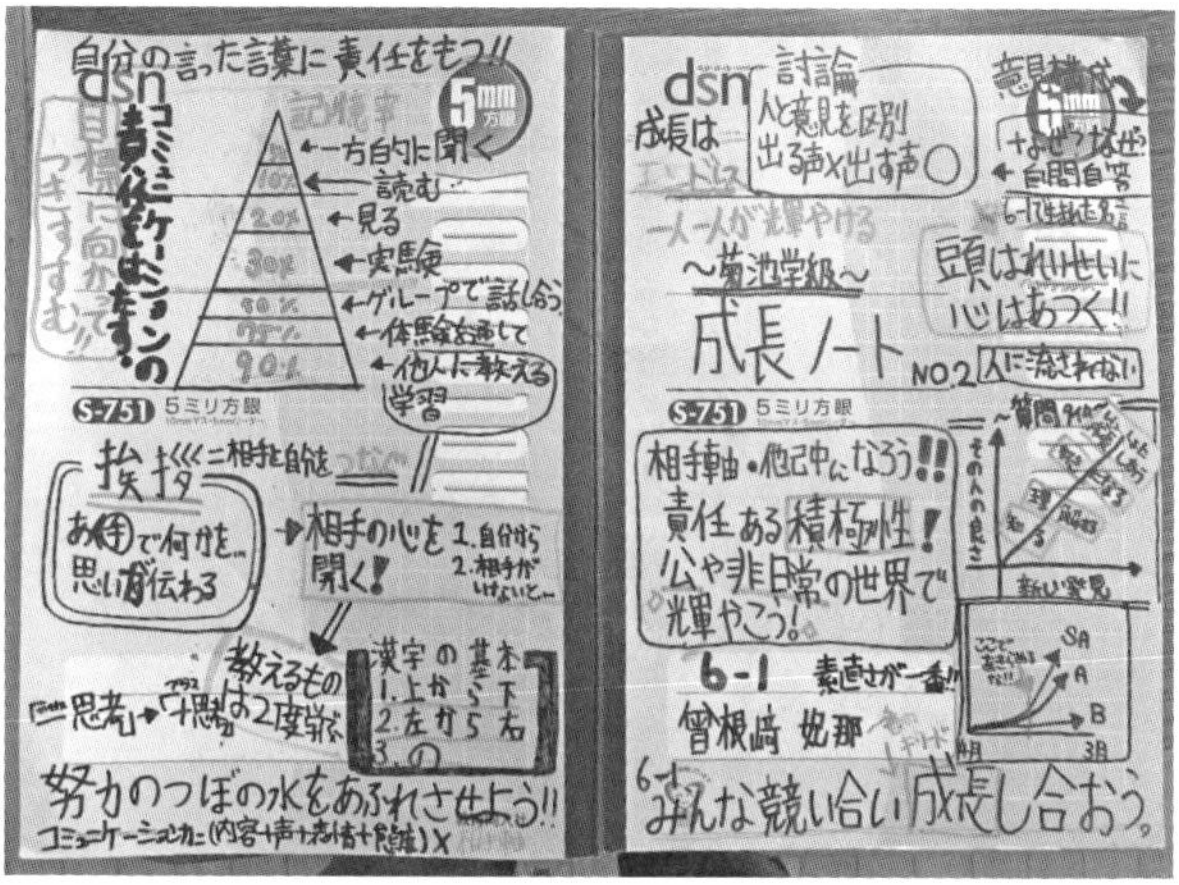

子どもたちは、学年末には実にすばらしい成長を遂げているはずです。その成長の足跡が記された成長ノートは、多くの子どもにとってかけがえのないものとなるでしょう。

もちろん原稿用紙を使い、その都度書いていくというような方法もあります。それもよい方法だと思います。しかし、自分の成長の詰まったこのノートを大切にしたいという気持ちをもったり、ノートを見直し自分の成長を振り返ったりするようなことはしにくいかもしれません。また、作文用紙になると印刷やファイルに綴じる手間も出てきます。そうなると、時間がとれないときなど、どうしても作文を書かせることが億劫になってしまいがちです。

子どもたちによりよい成長をしていこうという前向きな気持ちをもたせるため、また自分の成長を自覚させるためにも、一人に一冊成長ノートを準備することをおすすめします。

（「成長ノート」については「コミュニケーション力あふれる『菊池学級』のつくり方（中村堂）」に詳しく書かれています。参考にしてください。）

2. 教師がテーマを与える

一年間を通して作文の指導をしようと決めたとき、まっさきに思いつくことが「一年間、どのようなテーマについて書かせていこうか？」ということかもしれません。

しかし、その前に考えてほしいことは「なぜ子どもたちに作文を書かせるのか？」ということです。

もちろん、作文を書かせるねらいはさまざまでしょう。しかし、その中でいちばん重視したいものは何かと尋ねられたら「人間を育てるため」であると考えます。そして、教師は人間を育てるという意識を強くもって子どもたちに作文のテーマを示したり、指導にあたったりしなくてはいけないと考えます。

このようなねらいをもてないまま作文のテーマばかり気にしていては、子どもたちの成長は難しいでしょう。

一年間の中には、みんなで取り組んだ行事やクラスのトラブルなど、何か特別なできごとがあります。そのようなときには、特別なできごとについて作文を書いていけばよいかもしれません。しかし、菊池道場流作文の指導では、子どもたちはほとんど毎日のように作文を書きます。特別なできごと以外にも、ごく普段の日常を切り取り、人間的な成長という視点で作文を書かせていくこと

《成長ノートのテーマ例》

・○○さんのすばらしい行動は、クラスをどのように成長させるのか

→ある子どものよさをクラスのみんなに広げていこうというときに示したテーマです。子どもたちの行為を価値付けし、クラス全体の成長を促します。

・今回のトラブルから学んだことは何か

→クラスで起きたトラブルを単にマイナスととらえず、子どもたちの成長に生かしていきます。「ピンチはチャンス」ということを子どもたちに伝えるテーマです。

・なぜ五年一組のみんなは、○○ができたのか

→自分たちの成長を振り返ることにより、子どもたちに自信とさらなる成長への意欲をもたせることができます。行事等、クラスの節目に示すことの多いテーマです。

を中心にすべきだと、私たちは考えています。

基本的には、上のような人間を育てるということをねらいとした作文のテーマを教師が与えるようにします。教師が「このような子どもに育ってほしい」という思いをしっかりともち、自信をもって子どもたちに作文のテーマとして示していくべきだと強く思います。

3.「質より量」を目指す

クラスがスタートしたばかりの頃。多くの場合、クラスの子どものほとんどが作文を書くことに対して苦手意識が強いように感じます。そのように、書かない、書けない子どもたちでは、教師に作文を通して人間を育てるという意識があっても、それを実現することはなかなか難しいでしょう。

そこで、まずは文章を書くことが苦にならないような子どもを育てていきましょう。そのために、最初のうちは「質より量」ということを意識し、機会をつくっては、とことん作文を書かせるようにします。実際、私の担任したクラスでは、四月の一か月間、二十以上のテーマで作文を書かせるようにしています。もちろんすべてがノートにみっちりと書かせるのではなく、短く数行で書かせるようなときもありますが、とりあえず書かせるようにしています。

このようにとことん作文を書かせ、それに対して教師が肯定的なコメントを返したり、みんなの前で取り上げて認めたりすることにより、少しずつ、ほとんどの子どもが書くことを苦にしないようになってきます。

「書けないのなら、教師が続きを書いてあげればよい。九十九%教師が書いても、子どもの作文というようにしたらよい」ということを菊池道場に集まった先生の中から聞いたことがあります。

もちろん「それで本当に子どもの書いた作文といってよいのか？」というように考えられる方も

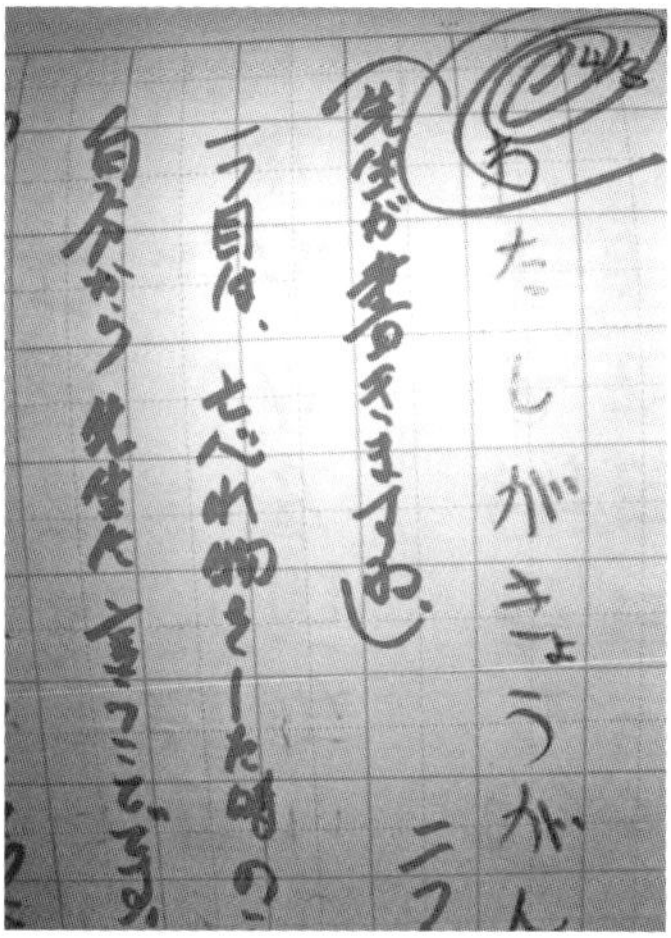

いらっしゃるかもしれません。確かに、このように教師が書いてあげるようなことを一年間続けても、子どもたちはすすんで作文を書くようにはならないでしょうし、ましてや人間性などは高まってはいかないでしょう。しかし、子どもの成長を粘り強く待ち、認めたり励まし続けたりすることにより必ず自分の手で作文を書くことができるようになるはずです。

たくさん作文を書ける子どもを育てることは、あくまで中間目標です。決して、そこがゴールではありません。その先にある子どもたちを育てる、人間を育てるということこそ真の目標なのです。また、一度の作文指導で、書かない、書けない子どもがすすんで書くようになることなどありえません。それよりも、最初のうちだからこそ書くことに対してもっている苦手意識を少しでも和らげていくことが大切です。つまり、多作がそのためにも有効なのです。

「作文の指導を通して人間を育てる」という意識があっても、子どもたちが作文を書くことができなければ意味をなしません。子どもたちに「書ける」「書いてみたい」というような気持ちが出てきてからでも遅くはありません。まずは「質より量」です。とりあえず作文を書いてみることが大切なのです。

4．「三つあります作文」を基本とする

以前、子どもたちに「いちばん書きにくい作文はどのようなものか」ということを聞いたことがあります。そのときの答えでダントツの一位が「自由に好きなように書く」というものでした。十分に育った子どもたちであるならば、自分を自由に表現できる「自由に好きなように書く」というテーマはうれしいものかもしれません。しかし、まだ十分に作文を書くことができないような子どもたちに対しては、かなり難しいものなのでしょう。

確かに、よく教師は「思ったことを自由に書いてごらん」などと子どもたちに言うことがあります。そのようなとき、本当に喜んで自分の思ったことを書くことのできる子どもは少ないでしょう。大人であっても「自由に好きなことを書いてみて」と言われると、きっと悩んでしまうはずです。

そこで、子どもたちが書きやすいように、ある程度の文章の型を示すようにしています。時と場合によってさまざまな型を示しますが、まず基本として示す型が「三つあります作文」です。最初に「三つあります」と言い切らせます。その後「一つ目は・・・。二つ目は・・・。三つ目は・・・」というように書かせるのです。

「三つあります作文」の型を示すことにより、多くの子どもが安心して作文を書くことができるようになります。そして、繰り返しこの型を使って作文を重ねるうちに、次第と自分自身のものと

《「三つあります作文」の型》

今日の〇〇で思ったことを三つ書きます。
一つ目は・・・・です。（ちょっとくわしく説明）・・・・・・。
二つ目は・・・・です。（ちょっとくわしく説明）・・・・・・。
三つ目は・・・・です。（ちょっとくわしく説明）・・・・・・。
この三つが思ったことです。だから・・・。

なっていくようです。

もちろん文章の型を与えることで「みんなが似たような作文になってしまい、その子どもらしさが失われたものになってしまうのではないか」ということを言う人もいますが、作文に書く三つに何を取り出すかはその子どもの個性です。つまり、作文に書く三つを何にするかに、その子どもらしさを感じ取ることができるのです。

また、一つ二つでなく、三つも考えることにより、その子どもの考えを深めることもできるはずです。

まずは、基本となる文章の型を活用して書かせることで、子どもたちが安心して作文に取り組むことができるようにしましょう。

5．書くスピードを意識させる

例えば学習の終わりに振り返りの作文を書かせる場合、多くの場合は五～十分間程度で書かせることになります。しかし、五分間で作文を書くのに最初三分間を構想の時間にしてしまっては、十分に自分の考えを書き表すことはできません。だからこそ、子どもたちに作文を書くスピードを意識させることが重要です。

そこで、子どもたちには「何か経験したら、何か見たら、何か聞いたら、気づいたことや思ったこと、考えたことを書くことができるようにしよう。いつも書くことをセットにするのです」というようなことを普段から繰り返し伝えておくようにします。これにより、次第に、最終的に自分の思いや考えを表現することを前提にものごとに取り組むことができるようになってきます。そして、子どもたちが作文を書いているときにも「息をするように、歩くように書こう」「鉛筆を止めずに書く。考えてから書くのでなく、考えながら書くのです」というようなことを教師はつぶやきながら机間巡視をするようにします。

また、子どもたちに、書くスピードの目安を伝えることも大切です。「五年生だったら、五分間あったら一ページの半分くらいは書けると思いますよ」「今日の書く時間は、八分間ぐらいです。このぐらいの時間があったら、みんなだったら一ページくらいは書けるよね」等、子どもたちが鉛

筆を止めずにどんどん書き進めることができるようにしたいものです。

ぜひ、教師は、日頃から子どもたちに書くスピードを意識させるような声かけをしていきましょう。

このように、書くスピードを意識させながら作文に取り組み続けることで、子どもたちは少しずつ作文を書くことができるようになってくるはずです。

すぐに作文を書けるということは、自分の思いや考えをすばやくまとめて表現することができるということです。そのような力がついてくることで子どもたちは、さまざまなことにすすんでチャレンジしたり、友達との関係を良好なものにしたりすることができるでしょう。

作文の指導を通して人間を育てるという教師の思いも、子どもたちが作文をどんどん書けないことには意味をなしません。子どもたちが書くスピードを意識しながら作文に取り組んでいけるように、継続的な指導を心がけていきましょう。

6．教師の赤ペンはほめるために入れる

子どもたちの書いた作文に対して、教師が赤ペンでコメントを返すときがあるはずです。いったいどのようなことを、子どもたちの作文に赤ペンで入れていますか。

子どもたちの作文に赤ペンを入れる際、教師が心がけておきたいことは子どもたちの書いたものを認める、そしてできるだけたくさんほめるということです。

「教師が赤ペンを入れる」というと、どうしても「子どもの作文を修正する」という意識が強いように感じます。しかし「修正する」ということに目を向け過ぎていると、本当に大切なことを見落としてしまう恐れが出てきます。

子どもの書く作文は、その子どもの内面を如実に表しています。きっとさまざまなところに、子どもの思いや考えを感じ取ることができるはずです。だからこそ、教師は子どもの作文一つ一つとしっかりと向き合い、深読みし、一人ひとりの子どもをより深く理解していくようにすべきです。そして、ほめコメントを書いて返したり、ときには作文を書いた本人と話をしたりして、作文を通して見える子どものよさを自覚させ、その子らしさをどんどん伸ばしていくように努めるべきです。

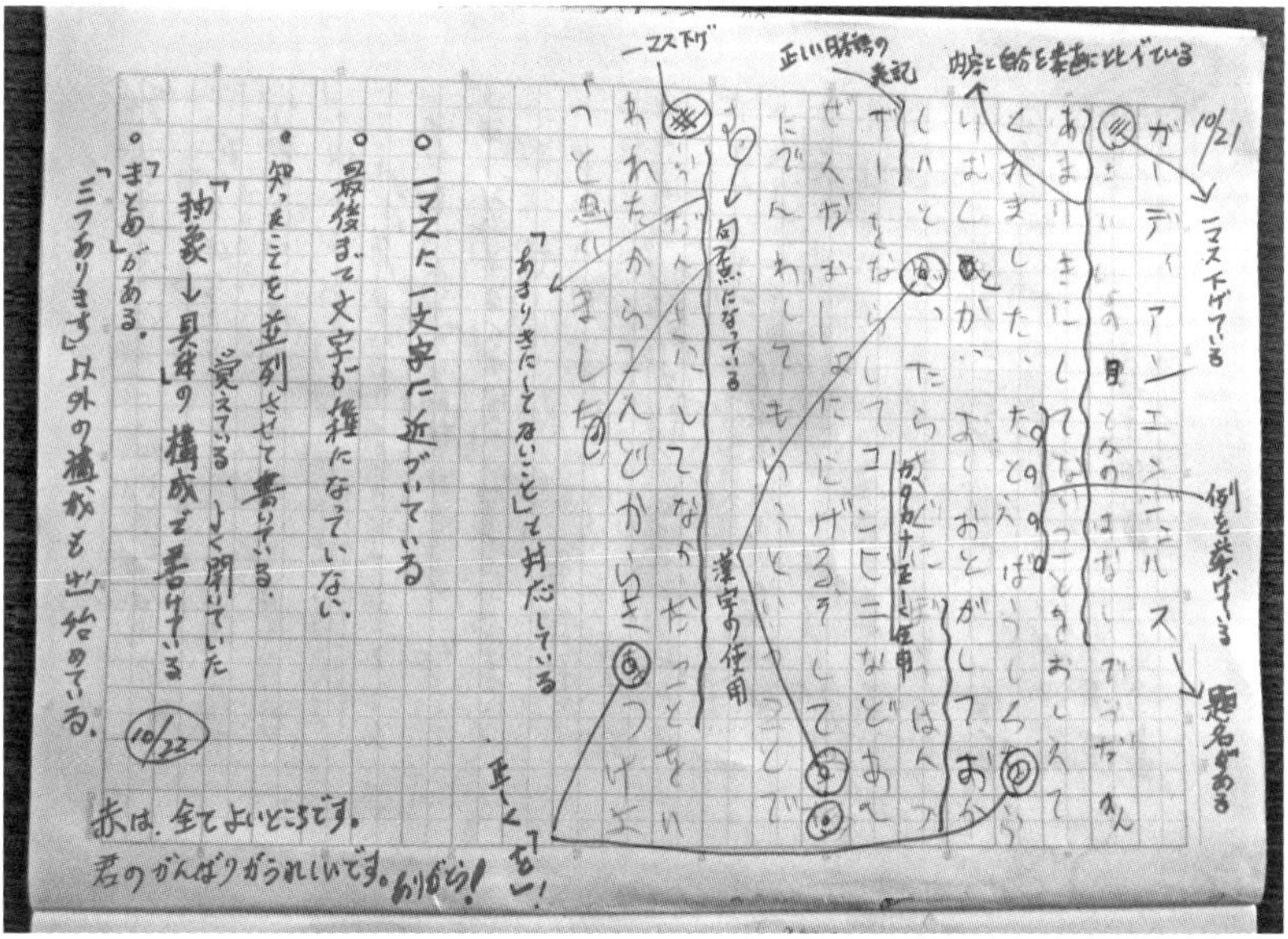

最初の頃は、多くの子どもが自分の思ったこと、感じたことや考えたことなどをうまく表現できないことが多いはずです。中には、ほとんど書くことのできない子どももいるかもしれません。

しかし、どのような作文であっても、真剣に向き合い、深読みをしていく中で、必ずその子どものよさを感じ取ることができるはずです。そのよさを認め、教師の赤ペンでほめ続けていくことにより、少しずつ子どもたちは自分の作文に自信をもち、安心して自分の内面を出していけるようになるでしょう。

教師の赤ペンは、その子どものことを大切にし、ほめるためにこそ入れるようにしたいものです。このことをしっかりと意識しながら、子どもたちが書いた作文に向き合いたいものです。

7．誤字脱字などの指導に重きをおきすぎない

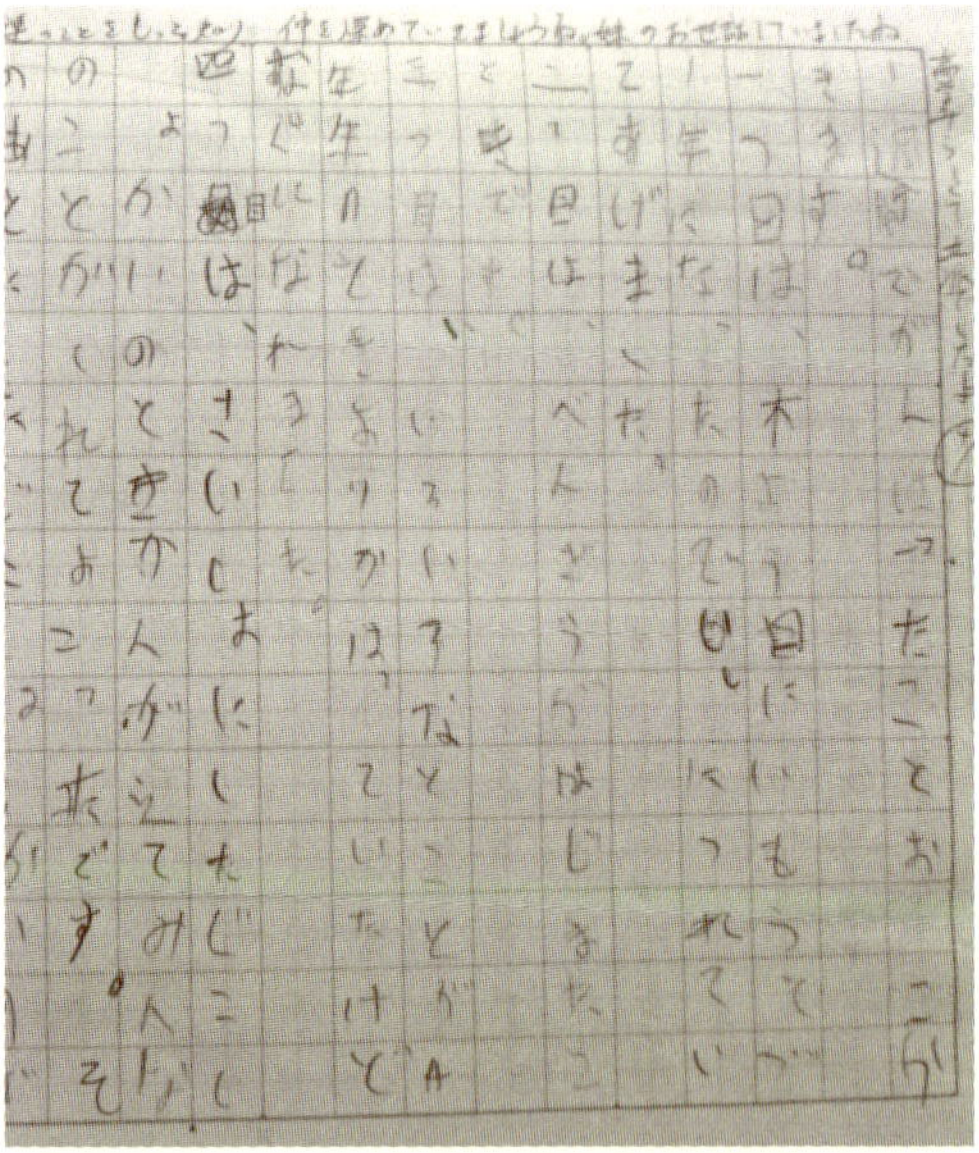

子どもの作文を読んでいるとどうしても気になるのが誤字脱字ではないでしょうか。ついつい教師は、誤字脱字を一字一字きちんと書き直したり、子どもに書き直させたりするようなことが多いように感じます。

もちろん正確な表記ができるということは非常に大切なことです。

しかしここで考えたいことは、子どもたちに作文を書かせるねらいは何かということです。菊池道場流作文の指導では、人間を育てることを第一のねらいとして作文に取り組ませていきます。正確な表記で作文を書く力も大切ですが、そこがゴールではないということです。

子どもたちが書いた作文に教師がコメントをして返すと、多くの子どもが「自分の作文にどのような教師からのコメントが書いてあるか」ということを楽しみに確認します。そのときに、誤字脱

字の指摘や修正だけだったら、子どもたちはどのように思うでしょうか。

「ここのところの漢字を間違っていたのか。よし、次からは気をつけよう」などと思う子どもは少数でしょう。多くの子どもが「エー、これだけ・・・」というようながっかりした気持ちになるのではないでしょうか。作文を書くことが嫌いという子どもは、このようながっかりした経験をしてきた子どもに多いようです。

正確な表記で作文を書けるということは大切なことです。ぜひ子どもたちにそのような力を身につけさせる必要があります。

しかし、教師の指導がそのようなことばかりになってしまうことがないように気をつけなければいけません。あくまで子どもたちに作文を書かせるねらいは、作文を書くことを通して人間を育てていくことなのです。

教師がきちんと作文を書かせるねらいを意識して、子どもたちに作文を書かせることが大切です。人間を育てるという意識をもった教師が作文の指導をするからこそ、子どもたちの成長につながっていくのでしょう。そのように考えると、作文の指導が子どもたちへの誤字脱字の指導ばかりになってはいけないはずです。

8. 子ども同士の評価を大切にする

みなさんのクラスでは、子どもに書かせた作文をどうしていますか。

掲示する、コメントを書いて返す、書かせて終わり・・・等、さまざまではないかと思います。

私のクラスでは、「書いたら発表はセットです」というように伝えています。つまり、何か書いたら必ず発表できるようにするということです。これを徹底して行います。

例えば、授業中には「○○を見て、気づいたことをできるだけたくさんノートに箇条書きで書きましょう。時間は、三分です。三分後には、必ず書いたことを発表してもらいますよ」などの声かけをして、書いたことはいつでもどこでも発表するということを当たり前にできるようにしています。

それは、書いたことをみんなに発表することにより、子どもたちの考えが広がったり深まったりすると強く感じるからです。

左のページの作文を書いた子どもがいました。この作文を読んで、大変すばらしい内容に感激してしまいました。そこで、この作文を印刷して、クラスの子どもたちに配布することにしました。

最初の頃は、このように作文を印刷して子どもたちに配ると恥ずかしさから変に照れてしまったり、誰が書いたものかに目が行き過ぎて内容に向かわなかったりすることもあります。しかし、書

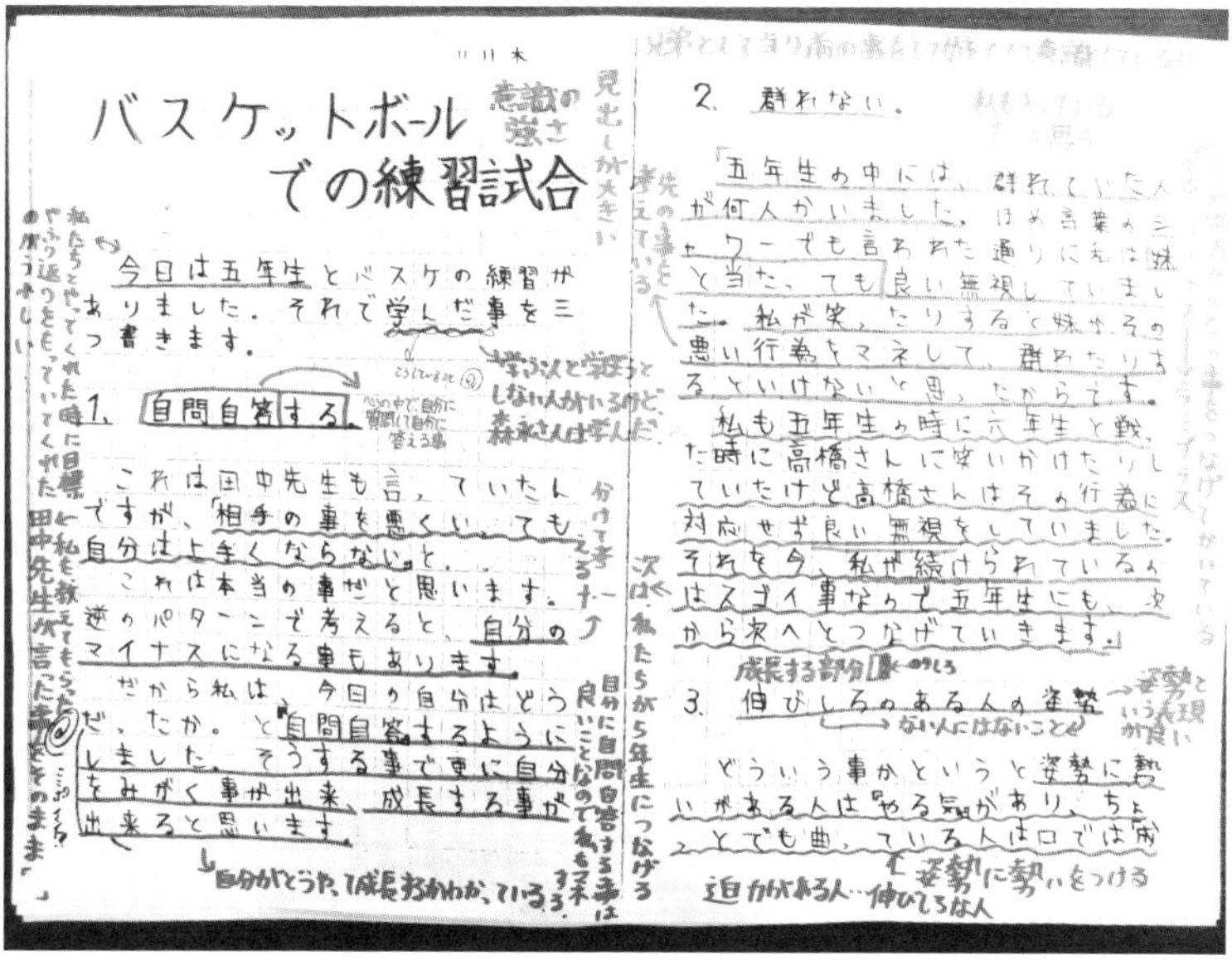
11月 木

バスケットボールでの練習試合

今日は五年生とバスケの練習がありました。それで学んだ事を三つ書きます。

1. 自問自答する。

これは田中先生も言っていたんですが、「相手の事を悪くいっても自分は上手くならない」と。これは本当の事だと思います。逆のパターンで考えると、自分のマイナスになる事もあります。だから私は、今日の自分はどうだったか。と『自問自答するようにしました。そうする事で更に自分をみがく事が出来、成長する事が出来ると思います。

2. 群れない。

「五年生の中には、群れていた人が何人かいました。ほめ言葉のシャワーでも言われた通りに私は妹と当たっても良い無視していました。私が笑ったりすると妹がその悪い行為をマネして、群れたりするといけないと思ったからです。私も五年生の時に六年生と戦った時に高橋さんに笑いかけたりしていたけど高橋さんはその行為に対応せず良い無視をしていました。それを今、私が続けられているのはスゴイ事なので五年生にも、次から次へとつなげていきます。」

3. 伸びしろのある人の姿勢

どういう事かというと姿勢に勢いがある人は『やる気があり、ちょっとでも曲っている人は口では…

いたら発表ということを繰り返し行うことで、そのようなマイナスの反応は次第になくなってきます。

そして、子どもたちに配った作文のよさをみんなで考えることにより、多くの新発見が生まれます。そのような新発見を見つけるきっかけになった作文を書いた子どもをみんなでほめ続けることにより、次第に「作文を印刷して配ってもらえるなんてうれしい」というような子どもの声が聞かれるようになります。

このような声が聞かれるクラスは、きっと子ども同士のつながりが深まっていたり、自己開示がかなり進んでいたりするように感じます。自分に自信をもって表現できる子ども、みんなが表現したことを受け止めてくれるので安心して過ごせるクラス、想像しただけでもすてきな子どもたちですよね。

９．型→自由→型→自由→・・・で伸ばす

国語科の学習において、作文の書き方としてある程度の文型が教えられていることをよく目にします。作文の書き方を知らない子どもたちにとって、ある程度の作文の型を指導することはとても大切なことです。菊池道場流作文の指導でも、「三つあります作文」を基本的な作文の型として示します。

しかし、そこで型を示すだけで終わってしまっては、単なる宝の持ち腐れです。ぜひ、学習した作文の型を活用して、実際に作文を書く機会を多くもってほしいと思います。そのような繰り返しを通して、子どもたちは身につけた型を十分に使いこなせるようになるからです。

そして、型を活用させてある程度自由に作文を書かせていると、必ず型を自分なりに少しだけレベルアップさせて作文を書く子どもがあらわれます。例えば「会話文を入れ、しっかりとその場のやりとりを書いている」「二時間目、五回など、数字を入れて具体的に書いている」「接続詞を使って、文と文の関係を分かりやすくしている」などです。

このような本当に少しのレベルアップであっても、子どもたちにとっては絶好の成長のチャンスなのです。教師は、「教えた作文の型とちがう」ととらえて書き直させるのではなく、子どもたちの次なる成長へのステップアップととらえることが大切です。

少しだけレベルアップした作文を認め、子どもたちへと広げ、新たな型にするようにします。そして、新たな型を十分に定着させ、また少しレベルアップする子どもができてきたら広げる・・・このようなことを繰り返し行うようにしていくのです。

このような「型→自由→型→自由→・・・」というような指導の流れは大変重要であると考えます。

子どもたちも教師からしめされた作文の型で書かされているというようなことは考えにくいでしょう。また、新しいレベルアップを見つけるために教師も子どもの書いた作文をしっかりと読み込んでいくことが必要になります。そのような深読みを通して、その子どもの成長や個性に気づくことができるはずです。

子どもたちに型を与えるということは、その子どもの自分らしさを否定することになるのかもしれません。しかし、その型を破って新たに進化を続けていく、つまり否定を否定することでその子どもらしさが十分に感じられる作文になっていくはずです。

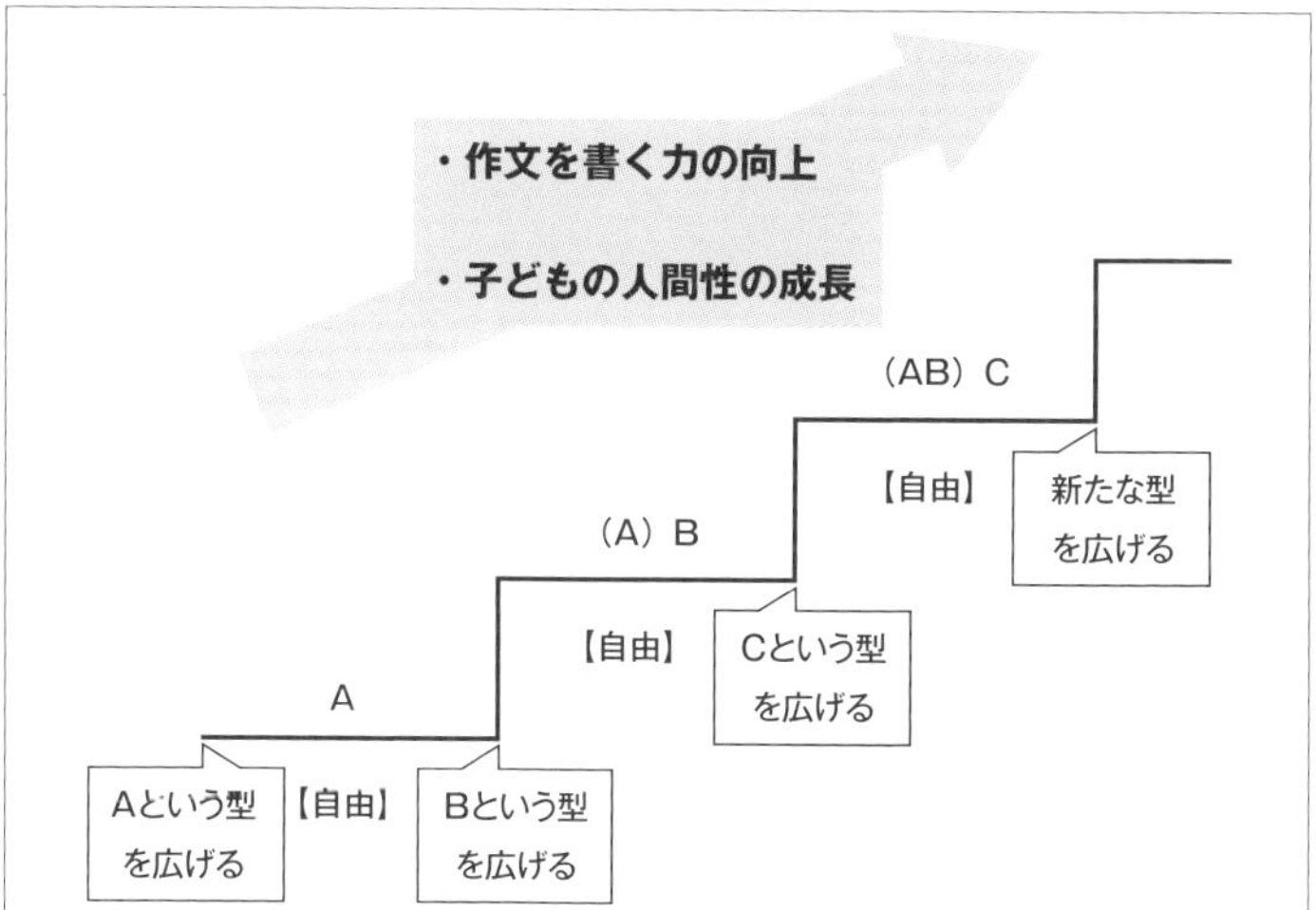

10・価値語の使用を奨励する

人間は、言葉によって思考します。そして、思考したことをもとに行動したり、言葉を発したりします。このようなことから考えても、子どもたちの語彙数を増やすことは大変重要です。そして、語彙数を増やすならば、ぜひ子どもたちの考え方や行動をプラスに導くような言葉を増やしていきたいものです。このような言葉を、私たち菊池道場では「価値語」と呼んでいます。

《子どもたちに示した価値語例》
・相手軸・・・自分中心の考え方をやめ、相手、つまり周りの人のことを考えよう
・責任ある積極性をもつ・・・無責任に仕事を引き受けるのでなく、責任をもってすすんで仕事を引き受けよう
・心のコップを上向きにしよう・・・心のコップが斜めや下を向いていては、どんな教えも入りません。いつも上向きにして、素直な気持ちでいよう

子どもたちに価値語を積極的に教え、その量を増やしていくようにします。そして、子どもたちには、なるべく教わった価値語を使って作文を書くようにさせます。教わった価値語を自分の作文の中で繰り返し使っていくことで、子どもたちは価値語の本当の意味を実感していくはずです。

価値語を作文で使いこなすような子どもは、少しずつ普段の生活が変わっていきます。自分の行動に責任をもったり、すすんでなにごとにも取り組んだり等。何がよいことなのか、どのような行為が価値のあることなのかということが分かってくるのでしょう。そして、教師が価値語を通して変わってきた子どもたちをしっかりと認め、ほめることで、さらに子どもたちはすすんで価値語を増やし、すすんで作文の中で使っていこうとします。

このような取り組みを計画的、継続的に行うことで、最終的に子どもたちは人間的に大きな成長を遂げることができるはずです。

「言葉を育てると心が育つ。心を育てたら人も育つ」

菊池先生が道場で言われていることです。

クラスの子どもたちに、教わった価値語を作文でなるべく使うようにさせていくと、本当に子どもたちが変わっていくのが分かります。心が育ち、人として成長しているのだとはっきりと実感することができるはずです。

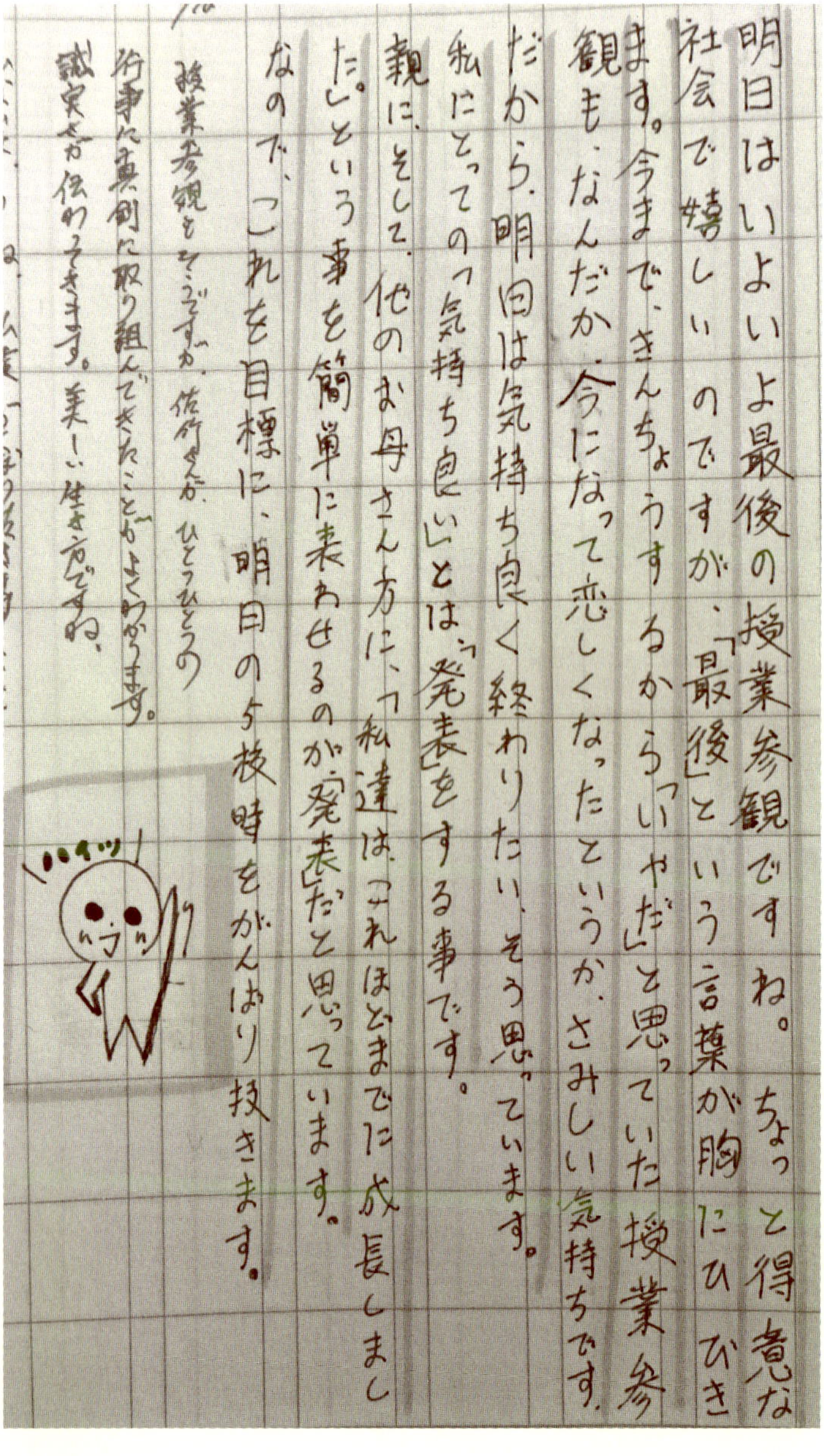
明日はいよいよ最後の授業参観ですね。ちょっと得意な社会で嬉しいのですが、「最後」という言葉が胸にひびきます。今まで、きんちょうするから「いやだ」と思っていた授業参観も、なんだか、今になって恋しくなったというか、さみしい気持ちです。

だから、明日は気持ち良く終わりたい、そう思っています。

私にとっての「気持ち良い」とは、「発表」をする事です。

親に、そして、他のお母さん方に、「私達はこれほどまでに成長しました」という事を簡単に表わせるのが「発表」だと思っています。

なので、「これを目標に、明日の5校時をがんばり抜きます。


授業参観をそうですか。佐竹さんがひとつひとつの行事に真剣に取り組んできたことがよくわかります。

誠実さが伝わってきます。美しい生き方ですね。

この作文を読んで、どのようなことを思いましたか。「字がていねい」「きちんと書けているなあ」「面白い内容だ」など、教師によって作文を読んで思うことはさまざまでしょう。

もちろんこのような観点も大切です。しかし、作文の指導を通して人間を育てていこうと考えた場合、いちばん大切にしたい視点は「その子らしさが出ているか」です。

この作文を書いたのは、優しく素直で、いつも前向きにものごとを考えられる子です。そのことを意識しながら、もう一度作文を読んでみてください。文章の随所に、優しさ、素直さ、前向きさを感じ取ることができるのではないでしょうか。

菊池道場流作文の指導の最大のねらいは、子どもたちの内面を育て、人間性を育てることです。そのようなゴールを目指すためには、一人ひとりの子どもが自分の内面を、その子らしさを恥ずかしがらずに作文で表現できるということが大切なことです。うわべだけのありきたりな言葉で作文を書くのではなく、世界に一つだけのその子だけの言葉で作文を書けることが大切なのです。そして、書かれた作文をクラスのみんなで読み合ったり、話し合ったりすることで、クラスの子どもたちの確かな成長へとつながっていくはずです。

自分らしさを出し合ってぐんぐん成長していく子どもやクラスの第一歩として、まずは作文の中でその子らしさを表現できるように教師は作文の指導に取り組んでみましょう。

12. 年間を通して取り組む

これまでに様々な菊池道場流作文の指導のポイントをあげてきました。どれも教師が意識して指導していくようにすれば、きっと子どもを、人間を育てることへとつながっていくでしょう。

同時に、その成長は一朝一夕で成し遂げることはできないということをしっかりと意識しておくべきです。一度や二度ぐらい作文の指導をしたからといって、目の前の子どもたちは劇的に変わりません。これは、作文の指導だけではなく学校で行われる教育活動のすべてに当てはまることです。

しかし、多くの教師が、あまりにも短期間での子どもの向上的な変化を望みがちのように感じます。行き過ぎると「こんなこともできないのか」「教えたはずなのに」というように感じることもあるかもしれません。そのような目で子どもたちを見ている教師が、子どものよさを見つけ、認めてあげることができるでしょうか。子どもたちを、人間を育てることができるでしょうか。私には、大変難しいように感じます。

「子どもは常に変化、成長していくものである」という思いをしっかりと教師がもち、担任する一年間という期間で戦略的に子どもたちの成長を促していくことが大切です。

私は、大まかにいうと次のように年間を通しての作文の指導を心がけています。

・一学期・・・書くことを苦にしないようにする
とりあえずは、質より量を目指します。また、型を与えて、安心して作文を書くことができるようにします。「書くための土台をつくる」というような意識で粘り強く取り組みます。
・二学期・・・書き方の工夫を身につけるようにする
型を進化させ、質を少しずつ上げていくようにします。書いた作文を子ども同士で読む機会を増やし、お互いにほめ合い、認め合うことで自信と安心を築いていきます。
・三学期・・・自分らしさを表現し合うことを楽しめるようにする
書いた作文について、話し合い、考えを深めていくようにします。そして、子ども同士のつながりを強めたり、よりよい価値を生み出したりすることを楽しめるようにします。

もちろん、これらのことを意識しながらも、すべての時期において「書くことは楽しい」ということを意識します。
長期的な視点に立ち、ポイントを繰り返したり、時には後戻りしたりしながら、螺旋階段的に伸ばし育てる指導を心がけていくことが大切であると強く思います。

第四章　自信と安心を育てる「成長ノート」

中雄紀之

1.「菊池道場流作文の指導」の根幹「成長ノート」

(1) 成長ノートとは

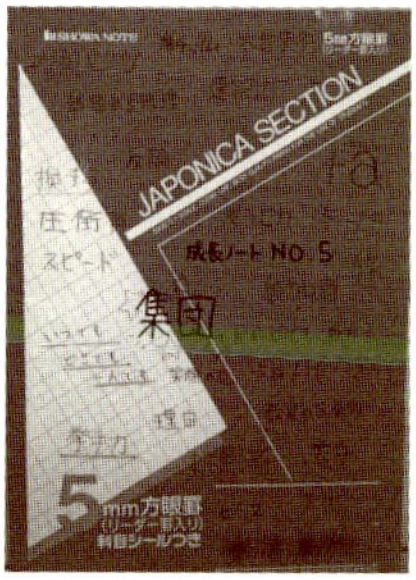

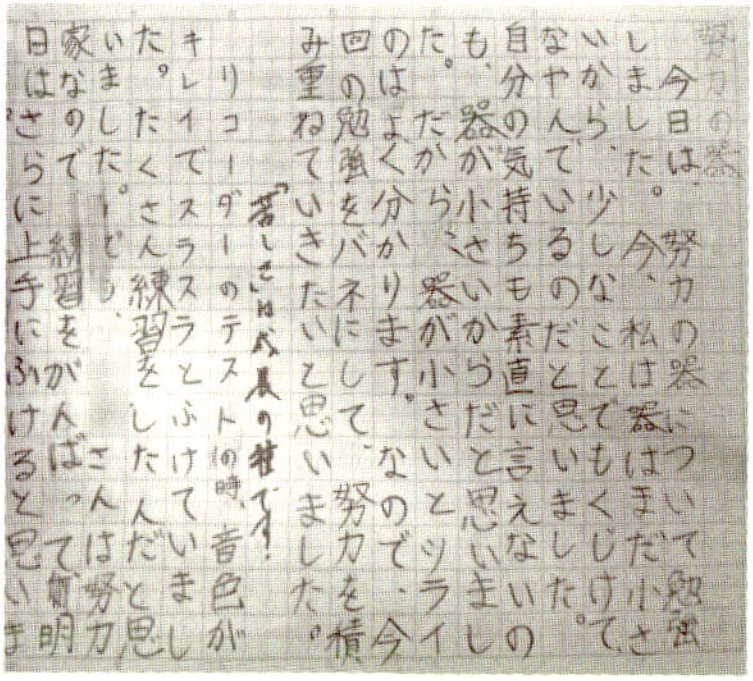
努力の器について勉強しました。今、私は器はまだ小さいから、少しのことでもくじけてなやんでいるのだと思いました。自分の気持ちも素直に言えないのも、器が小さいからだと思いました。だから、器が小さいとツライのはよく分かります。なので、今回の勉強をバネにして、努力を積み重ねていきたいと思いました。
「苦しさは成長の糧です!」
リコーダーのテストの時、音色がキレイでスラスラとふけていました。たくさん練習をした人だと思いました。

菊池道場では、成長ノートを軸として子どもたちの内面の成長を促すようにしています。教師の指導や行事、あるいは友達の行為から一人ひとりの感じたことが、この一冊のノートに綴られていきます。分かりやすく言うのなら、「心の日記帳」のようなものです。

ノートの規格は、中学年以上であれば5ミリ方眼のノートを使います。また、写真にあるように、教師の教えた成長するための「価値語」を表紙に記録し、いつでも振り返ることができるようにします。

使い方は、「指導を受ける→作文を書く→友達と読み合う→教師にコメントを書いてもらう」という流れで使っていきます。

(2) 一年間の戦略

成長ノートを使った指導では、教師が「公の価値」を教えることが基本です。「公の価値」について、どのような指導を行い、子どもたちにどのように書かせているかについて述べます。

まず、指導ですが、基本的に、教室の子どもの事実を扱います。たとえば、掃除がだらだらと乱れていたとしたら、その事実を使って、発問、指示、説明を組み立てます。

(発問と指示)

『今日の掃除を点数で表すと何点ですか』

『明日何点を目指したいですか』

『あなたが今日とはがらりと違う姿をみんなに見せるために、どんな行動が必要ですか』

『掃除をする人はいちばん〇〇〇人である。ここにどんな言葉を入れますか。理由も書きましょう』

『あなたの書いたことを五人に読み聞かせしなさい』

『〇分で〇行書きなさい』

(説明)

『掃除は、そのほとんどが自分以外の人のためになることです。国語や算数は自分のためにすることです。世の中で生きるとは世のため人のために生きるということです。お医者さん、コンビニの店員さん、牛や豚を育てている人、野菜をつくっている人、道路や橋をつくっている人。みんな世のためになっているでしょう。だから、掃除をする人がいちばん偉い人なのです』

このように教師がテーマを与え、考えさせることで、子どもを変えていこうとしています。

子どもたちの書いた作文には教師の励ましのコメントを書いていきます。子どもを温かいまなざしで見ることで、子どものやる気を引き出すのがねらいです。したがって書かせるテーマも、初期の段階は、教師の側で指定することがほとんどです。そして、その内容もかなり道徳的・生徒指導的なものになります。左記にあるのは、学級で指導した五年生のテーマ例です。

・過去をリセットする　・成長曲線　・「聞く」と「聴く」の違い　・挨拶の意味
・掃除をする人がいちばん偉い　・教室からなくしたい言葉、教室にあふれさせたい言葉
・「言われてする人」と「自分からする人」　・教室の三条件（競争・協力・牽制）
・忘れ物と想像力　・いじめをする人の日頃　・心のバケツ　・最強のコンビ
・自己内責任と自己外責任　・姿勢の意味　・「話し合える人」と「話し合えない人」
・「参加者」と「傍観者」　・一対九の法則　・会話の授業の感想　・「ほめる人」と「攻撃する人」
・つまらない殻を破る　・読書は学力の土台　・今日の自習（先生がいないときこそ地が出る）

初期の段階では、「一年間の心構えをつくること」や「学習規律を整えること」、「基本的な生活

のあり方」を叩き込みます。

中期になるとテーマも少しずつ変えていきます。

・なぜA君は問題を解き終わっていないのに、B君に問題の解き方を教えたのか
・Cさんはなぜ、誰とも最強のコンビをつくることができるのか　・「ほめ言葉」いちばんは?
・ディベートから学んだこと(人と論を区別する)　・ルールとマナーどっちが大事
・ノートコンテストあなたのナンバーワンは誰?　・群れと集団　・けんかの条件
・○○さんの価値ある無理　・席替え前のありがとうメッセージ　・相手の表情を読む
・無責任な積極性と責任ある積極性　・道徳「私の妹」の感想　・挨拶+一言
・自分のことを「好き」になるために　・バネの成長　・応援について

中期のテーマは、友達関係や学級全体のことなどが中心になります。個から他者、他者から全体へという流れです。したがって、教室内で見られる価値ある行為を取り上げていきます。相手の立場で行動した事実や学級全体のことを考えた行為です。つまり、子ども同士の関係をよりつなげていき、学級集団としてまとめていきたいという教師のねらいがそこには強く存在するのです。

指導では、友達のプラスの行為を取り上げ、全員でその行為の価値や人柄のよさを掘り下げて考えさせていきます。つまり、中期では、友達との関係性や、学級集団の質を上げるために必要なこ

とを指導する時期ともいえるでしょう。
後期では、テーマの抽象度を上げていきます。

- ・自分を漢字一文字で表すとしたら
- ・あなたがこの一週間でいちばん力を入れたこと
- ・よくなった癖とまだ残っている悪い癖
- ・自分を成長させた「価値語」　・SAとは何か
- ・今日の一日　・努力の器
- ・成長ノートは私の何をどう育てたのか
- ・四月の私の色と三月（今）の私の色
- ・年間百冊はあなたの何を変えたのか
- ・一年の成長

後期のポイントは「自問自答」させることです。「自分」ということについて様々な視点で考えさせていきます。コメントでも、一人ひとりの成長の事実を例に挙げて温かくコメントしていきます。

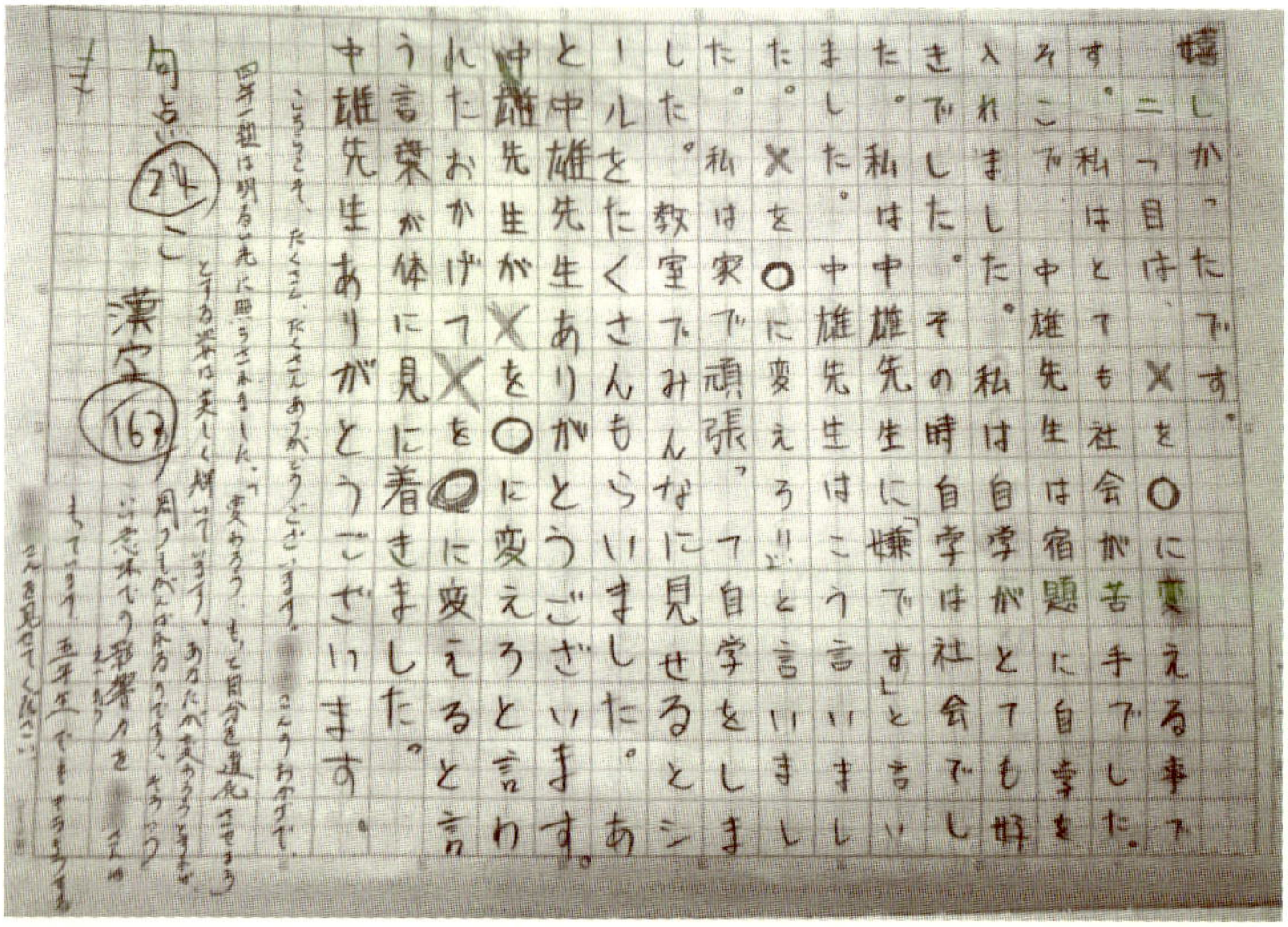
嬉しかったです。二つ目は、×を○に変える事です。私はとても社会が苦手でした。そこで、中雄先生は宿題に自学を入れました。私は自学がとても好きでした。その時自学は社会でした。私は中雄先生に「嫌です」と言いました。中雄先生はこう言いました。×を○に変えろ!!と言いました。私は家で頑張って自学をしました。教室でみんなに見せるとシールをたくさんもらいました。あと中雄先生ありがとうございます。中雄先生が×を○に変えろと言われたおかげで×を○に変えると言う言葉が体に見に着きました。中雄先生ありがとうございます。

こちらこそ、たくさん、たくさんありがとうございます。

句点 24こ
漢字 163
ま

2. 「成長ノート」の指導の実際

(1) 「成長ノート」スタートの授業

私は、新年度の始業式から「成長ノート」を活用しています。始業式、子どもたちとの出会いの場面で、楽しい出会いを演出したり、教師の思いを語ったりします。その後、出会いの場面で感じたことについて成長ノートに書かせます。子どもたちが下校した後、私は、一人ひとりの作文にコメントを書いていきます。子どもたちの思いを受けた教師の感想を書くことで、子どもたちとの意思疎通を図るのです。平成二五年度の始業式の日に行った私の二十分程度のスタートの授業を紹介します。

授業の流れは次のようにしました。

① リセットと成長曲線の話をする。
② 成長ノートの価値について話す。
③ スタートの授業の感想を書かせる。
④ 教師がコメントを書く。

授業の内容について、詳しく述べていきます。新しい教室に全員が着席しました。昨年度、様々な問題で大変だったという子どもたちです。普通なら、明るい表情のはずですが、少し厳しい表情の子どもたちもいます。まずは、教師の簡単な自己紹介で、場の雰囲気を温めます。

「先生の名前は、中雄○○です。名前は何というでしょう。1番、中雄彬。2番、中雄紀之。3番、中雄ロドリゲス。一応聞いてみよう。3番と思う人」

元気のよさそうな男の子が手を挙げます。その子のところまで歩いていき、頭をなでながら、全体を眺めて

「よし、誰もいない」

結構笑いが取れました。芸能人の中尾彬氏の写真を見せながら

「この写真の中尾彬さんの方が先生よりイケメンだと思う人？」

嬉しそうに十人ぐらいの子どもが手を挙げます。

「今、手を挙げた人の一学期の成績はもう決まりましたね。残念」

教室の空気が結構温まってきました。

「先生の名前は中雄紀之です。一年間よろしくお願いします。今から二つの話をします。そう、Aさんのように先生から目を離さないで聞いてください」

子どもたちの姿勢がスッとよくなりました。

「切り替えが上手だね」

黒板に一本の横線を書き、中心を指さしながら、話し始めました。

「ここが今日です。左側が昨年のあなたたちです。そして、右側はこれからの一年、未来です」

ここまで話して、いったん子ども一人ひとりに目を向けます。

「真剣に聞いてくれていますね。ありがとう」

「あなたたちの過去の話を聞きました。辛い思いをした人が多かったと聞きました。失敗を重ねた人もたくさんいたとも聞きました。…ですね」

ほとんどの子どもたちが小さく頷きました。少しにっこりして話を続けます。

「これからの未来、辛い思いをしたり、辛い顔をみたりする一年にしたいですか。それでよいと思う人は手を挙げてください」

誰も手を挙げません。

「…だよね。逆に、学級全員と仲良く笑って、みんなで頑張って一生懸命成長する一年にしたい。そう思う人は手を挙げましょう」

全員の手が力強く挙がりました。

「全員ですね。先生もその仲間に入れてください。さて、今からあなたたちが一つだけしなくてはいけないことがあります。それは『リセット』です。過去のあなたが友達からされた嫌なこと、友達に行った悪いこと。そんな過去を断ち切りましょう。それが、あなたたちのスタートです」

先程書いた一本の横線の中心部分を黒板消しでサッと消して、「リセット」と書きます。

「少し、いい顔になってきましたね。過去にばかり目が向く人はどうしても悲しい顔や怒った顔になるものなのです。過去をリセットして、未来に目が行く人は、希望をもち、何でも頑張ろうとするので自然といい顔になります。あなたたちはもう大丈夫です」

子どもたちが安心した顔になってきました。

「さあ、未来の話をしよう」

黒板に「成長曲線」と書いて二つ目の話をします。

「君たちには二つの道が用意されている。過去と同じように、やるべきことから逃げ、人の気持ちも考えないような悪口や暴力を続け、最終的に周りの友達から『一緒にいたくない』と言われるBの道。逆に、過去とはがらりと違った姿で、やるべきことに挑戦し続け、友達のために行動し、最後に周りの友達から『ありがとう』と言われるAの道。Bの道を進む人？」

誰もいません。

「Aの道を進む人？」

全員が手を挙げます。

「さすがですね。リセットした人は違います。先生は、今日、一生懸命に『リセット』と『成長曲線』の話をしました。この二つの話を聞いた感想を知りたいです。感想はこのノートに書いてもらいます」

こう言って、赤い表紙のノートを配りました。

「このノートは、今日のような話を聞いた感想や、精一杯がんばったことの感想を書くノートです。心の中は、写真には写りません。だから言葉で心の中のできごとを書いていくのです。あなたの心の成長の足跡が刻まれるでしょう。もしかしたら、国語や算数のノートよりももっと大切な宝物になるかもしれません。一生とっておきたくなるようなノートになるかもしれません。先生は、このノートを『成長ノート』と呼んでいます」

「では最初のページを開きましょう。まず日付を書きましょう。『リセット』と『成長曲線』の話を聞いてどんなことを考えましたか。五分間で、できるだけたくさん書いてください」

子どもたちの鉛筆が動き始めました。子どもたちの書いている様子を見ながら、たくさんのほめ言葉を浴びせます。「字が濃いね。気持ちがこもると字も濃くなるね」「よそ見をしないから書けるんだね」「もう三行も書いたのか。やるな」「いい字を書くね」「こんな漢字も書けるのか。素晴らしい」「いい言葉だね。いい言葉を使うと幸せになるんだ」「先生への質問がある。必ず返事するからね」「○(句点)はたくさんあった方が読みやすいね」「この学級はレベルが高いなあ」

何を書いてよいか分からない子どももいます。そのようなとき、個別の指導をする必要はありません。まだ、子どもと教師の関係ができていないからです。それよりも安心させる言葉かけの方がよいでしょう。私は、学級全体に聞こえるようにこう言います。

「今は、一行しか書けない人もいるでしょう。でも大丈夫。一年後には、五分で一ページ書けるようになります。みんなそうなります」

五分後、ノートを集め、最後にこう言いました。

「みんながんばって書いてくれたので、先生も今日中に全員の感想にコメントを書きます。明日はそれも楽しみにしていてください」

放課後、子どもたちの感想を読みながら、コメントを書きます。コメントの仕方にもポイントがあります。詳しくは、次項で述べていきますが、いちばん大切なことは、否定的なことは書かないことです。

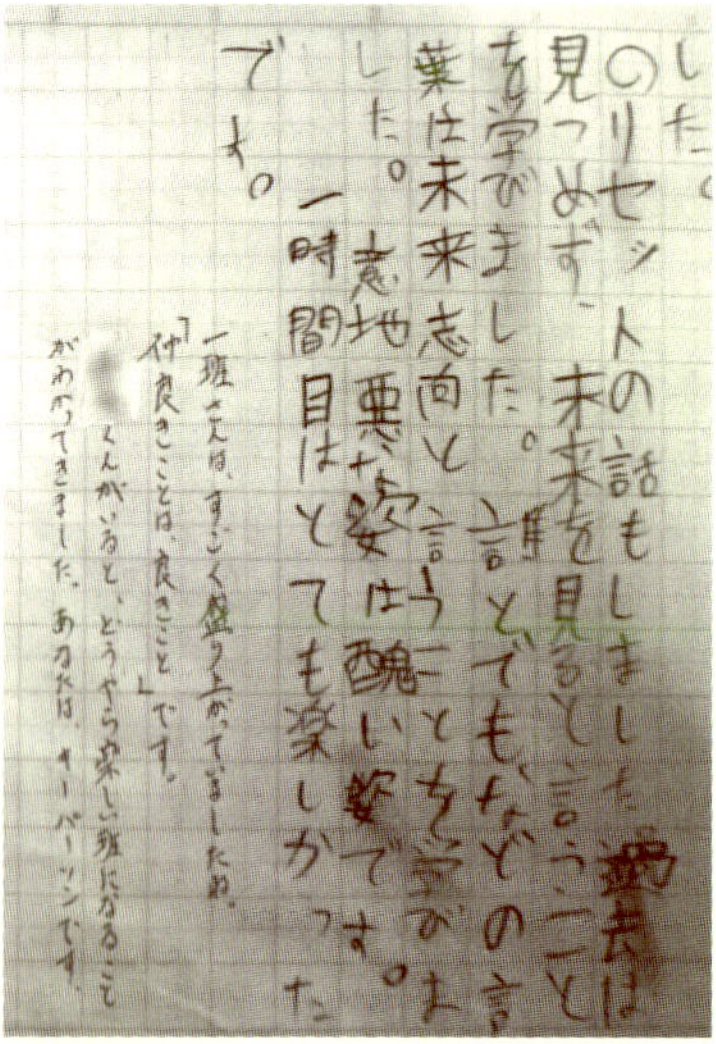
いた。
のリセットの話もしました。過去は
見つめず、未来を見ると言うことを
を学びました。誰とでもなどの言
葉は未来志向と言うことを学びま
した。意地悪な姿は醜い姿です。
一時間目はとても楽しかったで
す。
一班○○さんは、すごく盛り上がっていましたね。
「仲良きことは、良きこと」です。
くんがいると、どうやら楽しい班になることがわかってきました。あなたは、キーパーソンです。

(2) 認め合い、伸ばし合うコメントの実際

① 子どもたちの成長を促す教師のコメント

教師のコメントは成長ノートで指導するうえで、とても大切です。教師のコメントによって子どもたちがよい意味で変容し始めたり、逆に意欲をなくしたりすることがあるからです。だから、否定的なコメントはＮＧです。特に、成長ノートのコメントはずっと残るものです。否定的な言葉が目に見える形で残るという面でも、叱るときは、「音声」で短くサッと済ませるというのが常識ではないでしょうか。教師の温かいまなざしや好意が十分に伝わるコメントこそが子どもに自信と安心を与えるのです。

五年ほど前、菊池省三先生から、教師のコメントについて、次のように問われたことがありました。

「いちばん短くて、いちばん子どもたちのやる気を起こせるコメントはなんだろうね？」

私は、即答できずに困っていました。その場にいた四、五名の道場メンバーも答えることができず、皆、菊池先生の考えを知りたくてうずうずしました。少し間を開けて、菊池先生が口を開きました。

「やっぱり、『ありがとう』だろうね。そして、『ありがとう』よりも『ありがとうございます』の方が子どもの心に残るだろうね」

この数秒の問答は今でも忘れられません。教師が、子どもに「ありがとう」と感謝の言葉を言う意識は、本当に助けてもらったことでもない限り、この頃の自分の中では、ほとんどなかったからです。しかも、丁寧に「ございます」をつけるなんて、あまりにも自分の意識からかけ離れたものでした。その後分かったことですが、菊池先生は子どもたちに「ごめんなさい」も当たり前のように言う教師だったのです。教師という立場にあぐらをかいて、子どもたちを見下していた自分の愚かさを恥じたことを今でも覚えています。

この道場の後、私は、少しずつ、子どもたちに「ありがとう(ございます)」や「ごめんなさい」をすすんで口にするようになりました。すると、子どもとの関係が肌で感じるほどよくなったことを覚えています。また、子どもたちも、だんだん「ありがとう」や「ごめんなさい」を自分から口にするようになってきました。この二つの言葉にはすごい力があります。どんなに説得力のある意見よりも、相手や自分を納得させる力です。改めて、菊池先生の「言葉にこだわる」という意味の深さを感じました。

さて、話を戻します。子どもたちが書いた作文に対して否定のコメントではなく、感謝の言葉や謝罪の言葉をコメントしていく。これが基本です。例えば、「今日の自習」というテーマで感想を書かせたとき「自習のときしゃべる人が多かった。一人がしゃべりだすと、だんだんみんなしゃべり出し、全然よくなかった」と書いた子どもがいました。私は、その子に対して次のようにコメントしました。

騒がしくなり、嫌な思いをさせてしまったのですね。せっかく頑張ろうとしていたのに。全部先生が悪いのです。先生が、自習の前にきちんと話をしていれば、嫌な目に合わなくて済んだと思います。すみませんでした。次の自習のときには、今日よりももっと丁寧に話をして、みんなが価値ある時間を過ごせるようにします。もう一度チャンスをください。

また、価値語について話をした後の感想では、子どもたちからやる気のあふれる内容が多く出ます。そのやる気をさらに高めるために、コメントでは、過去の子どもたちのプラスの行為を混ぜながら感謝のコメントを書きます。

昨日の○○○のとき、Aさんは、B君に「○○○」と言っていました。おかげでB君も○○○できるようになりました。今日、先生が話した「相手軸」という言葉はAさんにピッタリな言葉です。Aさんがこの学級にいてくれて本当にうれしいです。いつも友達に優しい言葉をかけてくれてありがとうございます。

教師の本気の感謝と謝罪のコメントは、子どもの心に深く根付き、成長のエネルギーになります。最後に、書くことが苦手な子どもへのコメントのポイントを紹介します。

どんな感想であれ、子どもを否定しない強い意志で子どもを励ましたり、コミュニケーションを図ろうとしたりすることで、子どもたちは、次第に心を開き、自由に自分を表現するようになるのです。

○自分の思いを表現することが苦手で、教師が話したことや、活動したことを時系列で羅列する子へのコメント

● 先生の話をしっかり聞いていたことをほめる

例：先生の話を完璧に聴いていますね。まったく聴き漏らしがない。「聴く」とは、最も優れた学び方であり、知性の表れなのです。

● 教師の話についてどう思ったのか三択の質問をする

例：今日の先生の話は、どうだった？

△（つまらなかった）・○（まあまあ役に立った）・◎（かなり役に立った）・☆（最高だった）

○一、二行しか書けない、量的に乏しい子へのコメント

●続きを教師が書く

例：そして、次の日、私はがんばって挨拶をしてみました。「自分から」を一つ頑張ることができました。友達も笑顔で「おはよう」と返してくれました。先生は、「私ならできる」と思っていたそうです。先生は、私がどんどん成長してくれると信じているそうです。

●悩みながら書いた一生懸命さをほめる

●作文とは全く関係のない質問を書く

例：明日の宿題何がいい？「なし」は「なし」だよ

② 子ども同士でコメントさせてから集める

教師が温かくコメントを続けると、十月、十一月ぐらいで、子どもたち自身でも温かいコメントをし合えるようになります。子どものコメントには、教師顔負けの温かさがあります。教師のコメントはどうしても計算高くなります。また、全員分書くのでパターン化してしまいます。だから、時には、「隣の席の友達からコメントをもらってから先生のところに持っておいで」と指示を出し

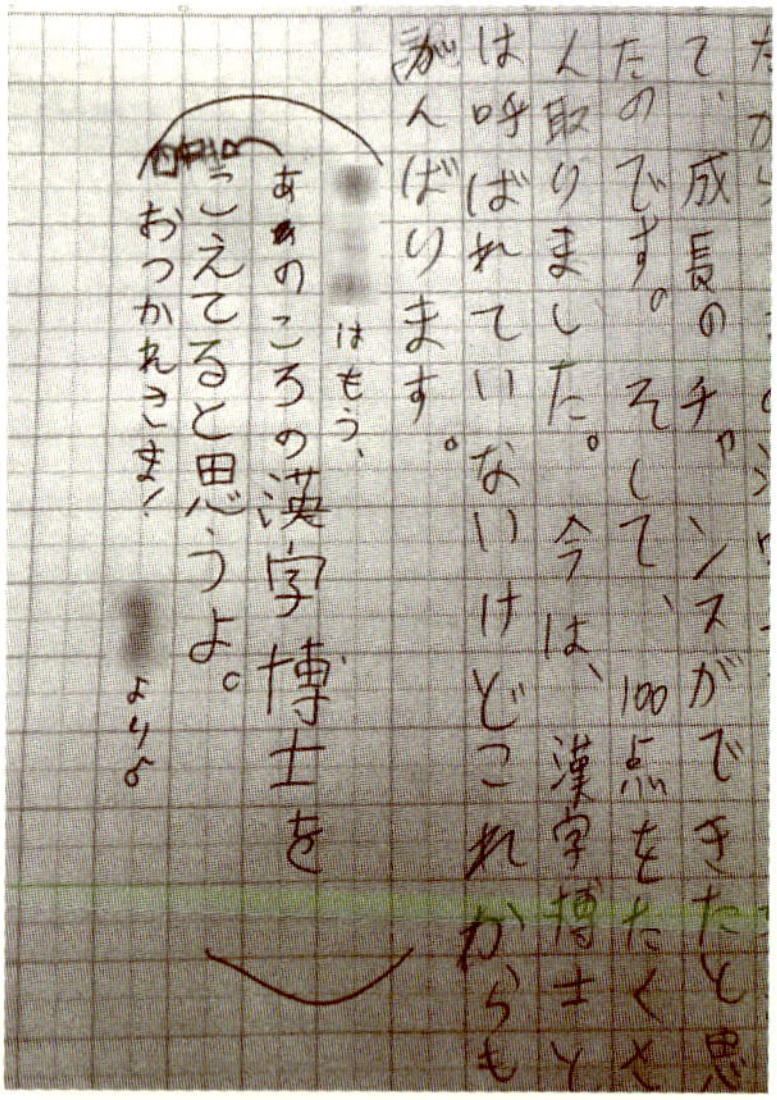

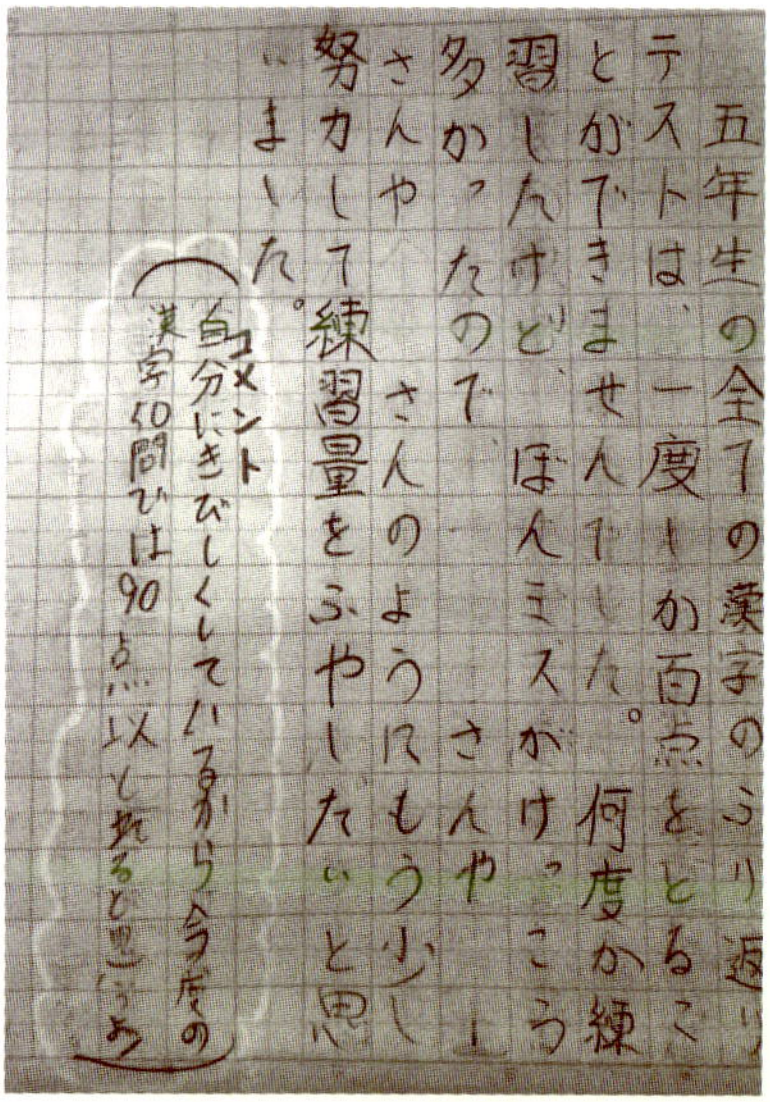

ます。この活動には三つのメリットがあります。

一つ目は、「コメントした子もほめることができること」です。コメントした子に「D君もとても嬉しかったと思うよ。さすがだね」と言ってほめます。

二つ目は、「コメントについて教師が子どもから学ぶことができること」です。上のコメントを見ると、コメントの秘訣があります。

三つ目は、「子ども同士の関係がよくなること」です。子ども同士が互いのよさを認め合うことは、高め合う集団になるためには欠かせないことです。

この三つ目がいちばん教師にとってもうれしいことです。

おすすめの実践です。

(3) 学んだ価値を共有し、磨き上げる方法

① 教師が作文を紹介する

一つのテーマで書かせたものを読んでいくと、「これだ！」というものがあります。価値の高いものは全体に紹介していくことで、子どもたちの意欲につながったり、理解が深まったりする効果が期待できます。よく、道徳で道徳的価値について、偉人伝や説話を紹介します。それもよいのですが、子どもたちの書いた作文を紹介したほうが、子どもたちにとって身近で、価値が入りやすいのです。「これだ」と教師のアンテナに引っかかるものには、いくつかのパターンがあります。例えば掃除について指導したとしましょう。その感想として次のようなパターンで書かれたものに私のアンテナは引っかかります。

・自己否定することで、悔しさをばねにできているもの
・掃除について「やらされていた」が「好きになった」というもの
・教師の話と自分の体験をつないでより深めたもの

教師のアンテナに引っかかったものについては「読み聞かせ」と「印刷して配布する」の二つの方法があります。読み聞かせるときは、なぜ、その作文を取り上げたのか、どんなところを聞いて

ほしいのかを説明しないと、子どもたちのアンテナに引っかからないで終わってしまいます。また、「終わった後にいちばん多く書かれていた言葉を聞くからね」と布石を打っておくのも一つの手です。

読んでいる最中、「この先なんて書いていると思う？」や「ここからが大切なところだよ」など

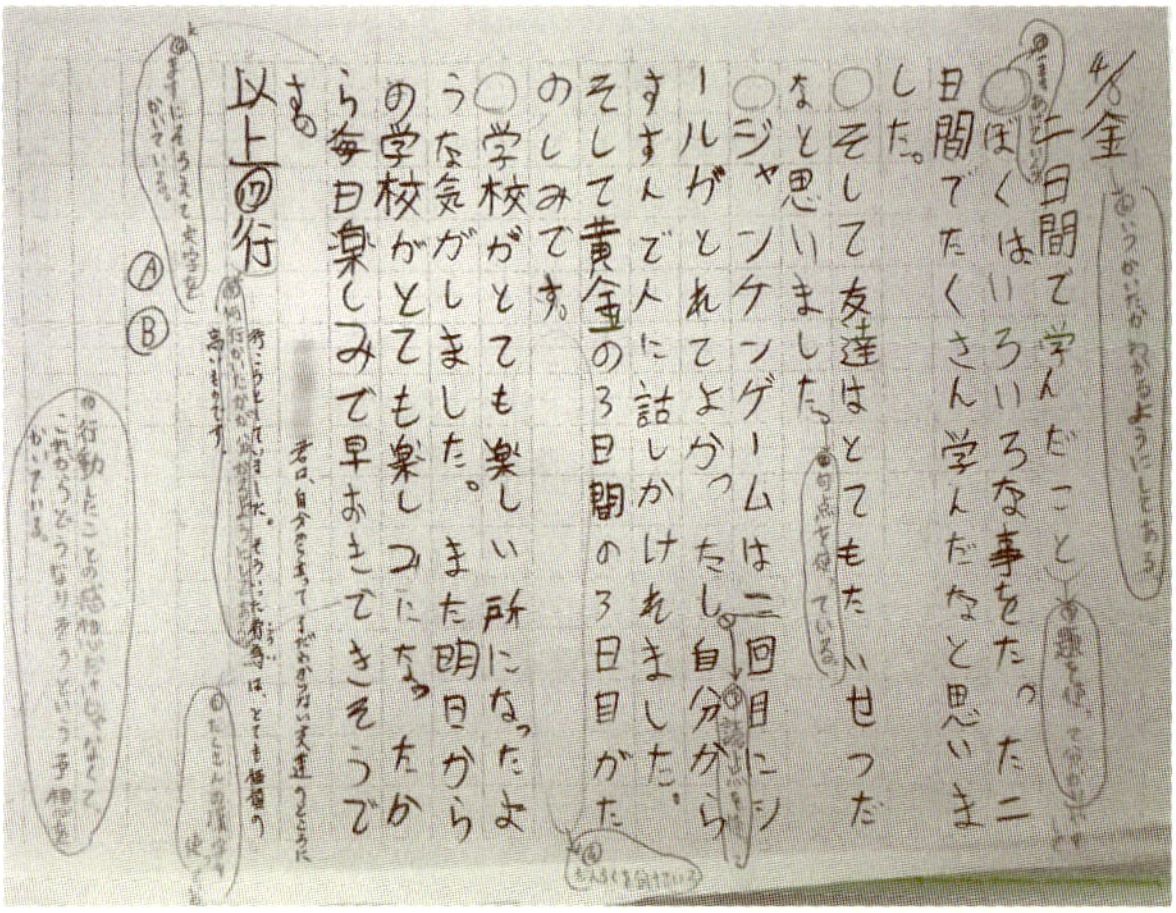

と言って、子どもたちの関心を引き付けながら読むことも大切です。このように教師が、「価値の高いものとは何か」ということについてよく伝わるように、工夫して読み聞かせするのです。

「印刷して配布する」作文は、十分に分析させて読み深めさせたいときに行います。一つの教材として考えているのです。様々な角度で発問し、もう一度、テーマや教師が伝えたかったことについて考えさせます。

「○○さんの作文はどこがよいか、できるだけたくさん書き込みなさい」

「○○さんの作文を読んで、○○さんはこれからよくなると思うか。それはなぜか」

「あなたが、○○さんなら、○○のときどうするのか」
「○○さんに負けないようにするにはどうするか」
などです。ある一つのテーマについて書かせて終わりではなく、反芻させるように活用していきます。そうしないと、大切なことが子どもたちの心に残らず、成長を促すこともできないのです。

② 子ども同士で読み合う活動

教師の行った指導に対する作文を子ども同士で読み合う目的は三つあります。一つ目は、考え方を広げさせることです。二つ目は、価値に向かう前向きな気持ちを共感し合うことによって強めることです。三つ目は、子ども同士が考えを交わすことで関係性を深めることです。これらのねらいをもって実践したことを述べていきます。

私たちの大切にしている価値語の一つに「傍観者ではなく、参加者であれ」というものがあります。授業中、まったく発言せずに聞くだけの子どもがいます。いや、聞いているのか、聞いていないのかさえも分かりません。そういう、ただ座っているだけの子どもがいるとき、この価値語について話をします。まずは、違いを説明します。

傍観者→座ってみているだけ

参加者→学習に積極的に加わる
「授業中、この二つの道がある。この二つはどう違うのか、違いを一つ書きなさい」
子どもたちからは次のような意見が出てきます。
・傍観者だと力がつかない　・傍観者だと勉強が分からなくなる　・参加者にはやる気があって、傍観者にはない　・傍観者は時間を無駄にしている　・傍観者は学校に来ている意味がない
授業中は参加者になるべきであることを確認してから目標を立てさせます。

「この一時間、参加者になるために昨日の自分より、何を努力しますか」
・いつもより発表を頑張る　・話を聞き洩らさない　・人に頼ってばかりではなく、自分で考える
・姿勢をよくする　・人よりもよい意見を出す　・手遊びをしないで、集中する　・私語を止める
・いつもよりもたくさん書く
目標を立てさせたあと、授業を行います。授業最後、「今日の一時間、傍観者ではなく、参加者になれたか」というテーマで作文を書かせました。当然、ほぼ全員が、いつも以上に力を発揮し、そのことを書いています。全員が書き終わったところで、読み合う指示を出しました。

「全員ノートをもって立ちましょう。今から十分間でできるだけたくさんの友達の作文を読みます。どんどん作文を交換して読んでいきなさい」

子どもたちは友達の書いた作文を興味津々に読み始めました。参加者になったことで生じた一人

ひとりの様々なメリットを知ることで、「参加者になること」の価値の大きさに気づきます。また、「みんな頑張っているんだ」「次も頑張るぞ」と意欲も強まります。さらに、「よく頑張っているね」と友達からほめられ、友達との関係性もよくなり、自信にもつながります。結果、学級集団としての成長が推し進められるなど、よいことだらけなのです。

　私は読み合う活動の後、よく次のように問いかけます。

「ぜひみんなに読んでもらいたい、おすすめの作文はありましたか」

　子どもたちのアンテナは侮れません。本気で書かれたものや友達の成長を見抜く力は教師に劣らないのです。そのようなおすすめの作文を書いた本人に音読させたり、教師が読んで聞かせたりします。そして、「どこがよかった？」と問いかけ、考えを深めさせるのです。

　最初は教師の価値観を教えただけですが、（体験する→感想を書く→読み合う→代表作文について考える）という流れによって、子どもたちの中の価値が確実に深化していくのです。

3. 「成長ノート」で変わる子どもたち

① 指導と一体となった「成長ノート」

「書く力」を高めるための日記を書かせる指導を目にします。確かに、書く力はつくかもしれませんが、内面や行為の成長までは期待できません。私たちが目指すのはあくまで「人を育てる」ことです。

成長ノートは、単純な繰り返しではありません。「公の価値についての指導を受ける→（活動→）振り返りの作文を書く→（読み合う活動→）教師のコメントを読む」というように、子どもが公の価値について深く学ぶ流れがあります。これを様々なテーマで年間平均百回程度行います。この変化のある繰り返しは、スパイラル効果を生み出します。

これから、四名の児童の変容について述べていきます。どの子も課題を抱えて四月を迎えた子どもたちです。しかし、成長ノートを通じて少しずつ公の価値について理解し、変容を遂げていきました。

一人目はA君です。明るさとリーダー性を兼ね備えた元気な男の子です。スポーツが得意で、よく努力もする子どもです。しかし、勝負にこだわりすぎて、感情をむき出しにしてしまうところも

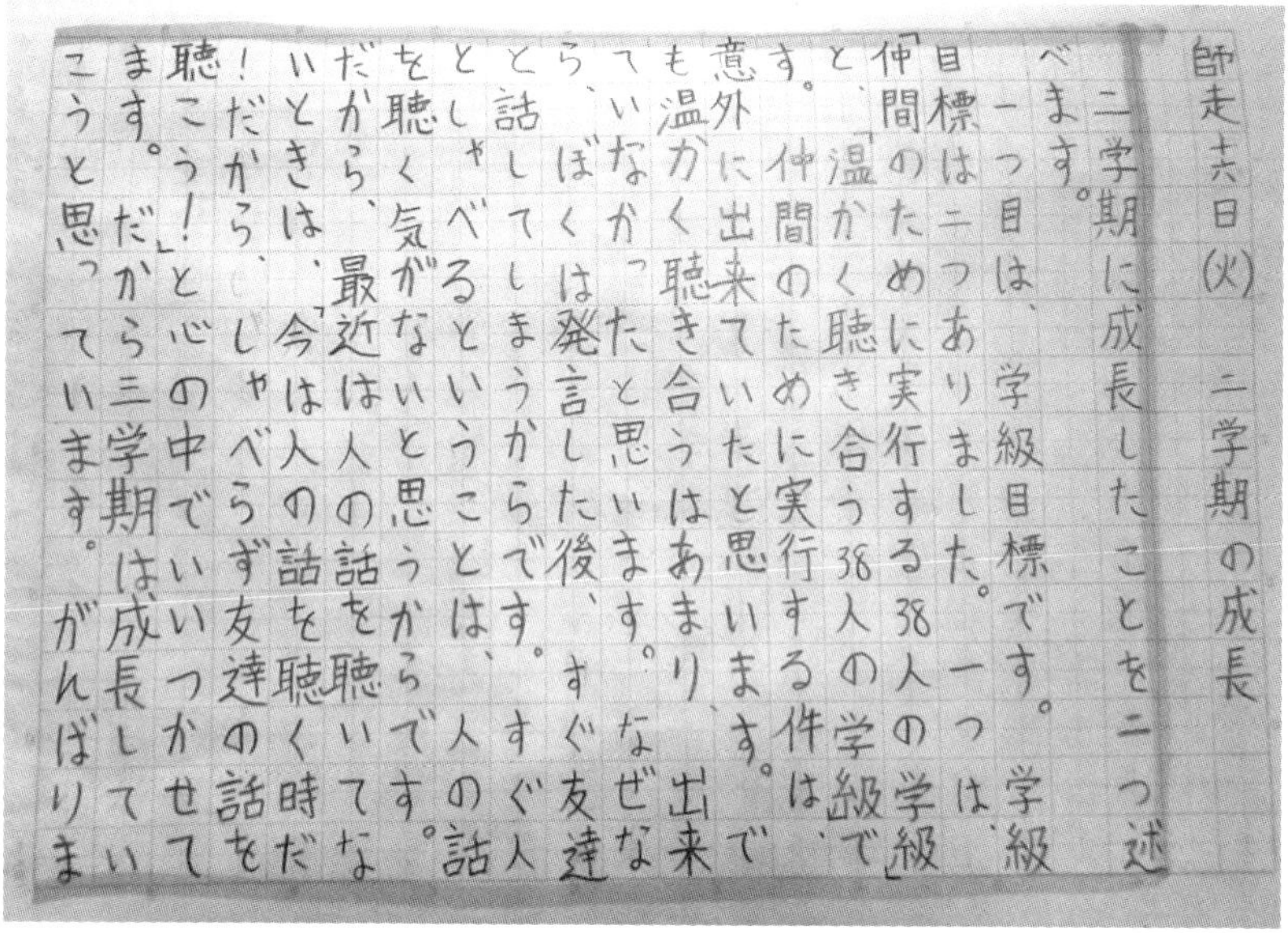

師走十六日(火)　二学期の成長

　二学期に成長したことを二つ述べます。

　一つ目は、学級目標です。学級目標は二つありました。一つは、「仲間のために実行する38人の学級」と、「温かく聴き合う38人の学級」です。

　仲間のために実行する件は、意外に出来ていたと思います。

　でも温かく聴き合うはあまり、出来ていなかったと思います。なぜなら、ぼくは発言した後、すぐ友達と話してしまうからです。すぐ人としゃべるということは、人の話を聴く気がないと思うからです。だから、最近は人の話を聴いてないときは、「今は人の話を聴く時だ!だから、しゃべらず友達の話を聴こう!」と心の中でいいつかせてます。だから三学期は成長していこうと思っています。がんばりま

⬍Aくんの作文

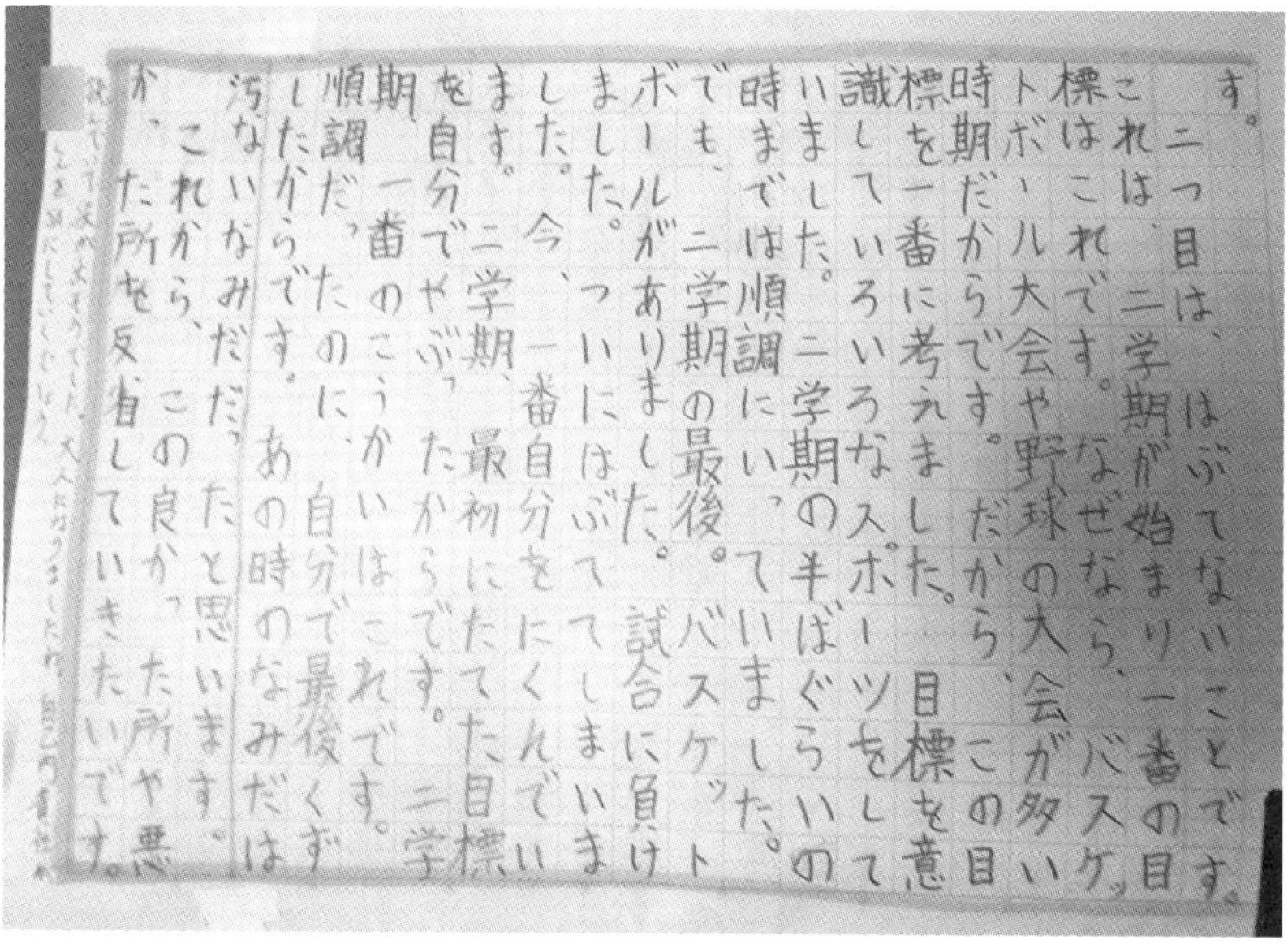

す。

　二つ目は、はぶてないことです。これは、二学期が始まり一番の目標はこれです。なぜなら、バスケットボール大会や野球の大会が多い時期だからです。だから、この目標を一番に考えました。目標を意識していろいろなスポーツをしていました。二学期の半ばぐらいの時までは順調にいっていました。でも、二学期の最後。バスケットボールがありました。試合に負けました。ついにはぶててしまいました。今、一番自分をにくんでいます。二学期、最初にたてた目標を自分でやぶったからです。二学期一番のこうかいはこれです。順調だったのに、自分で最後くずしたからです。あの時のなみだは汚ないなみだだったと思います。

　これから、この良かった所や悪かった所を反省していきたいです。

ありました。その結果、その場の雰囲気も壊れていました。

そんなA君が二学期の成長について書いた作文を紹介します。前のページの作文です。

A君の感想から分かることは、自分の短所をしっかりと自分で受け止めていることです。そして、その短所を強い意志で克服しようとする思いです。自分を変えよう、もっと強くなろう。このような思いに私は涙が出そうになりました。

確かに、A君は二学期に入り、同じバスケットボールチームの友達の失敗に「気にするな、大丈夫、大丈夫」とたくさん声をかけていました。また、自分の失敗についても「ごめん。ミスった」と素直に認めていました。そして、誰よりも応援も頑張っていました。確実に自分のことよりも、友達やチームのことを優先するようになっていたのです。A君の成長は誰の目からも明らかでした。そのためか、A君にとって、一度の失敗は価値ある後悔になったのでしょう。


Bさんは、偏った友達関係の中でしか安心感をもてなかったのでしょう。そこには、新しい発見もなく、自分にとってプラスになることも少なかったのかもしれません。でも、それが「旅」という学習中に行われる「立ち歩きながら、いろいろな友達と対話する活動」によって、いろいろな友達と関係をつくった方がより楽しいということに気づいたのです。「違いを楽しむ」という価値観をもつことができたからこそ、そのほかの時間でもたくさんの友達とかかわり合い、人から学ぶよ

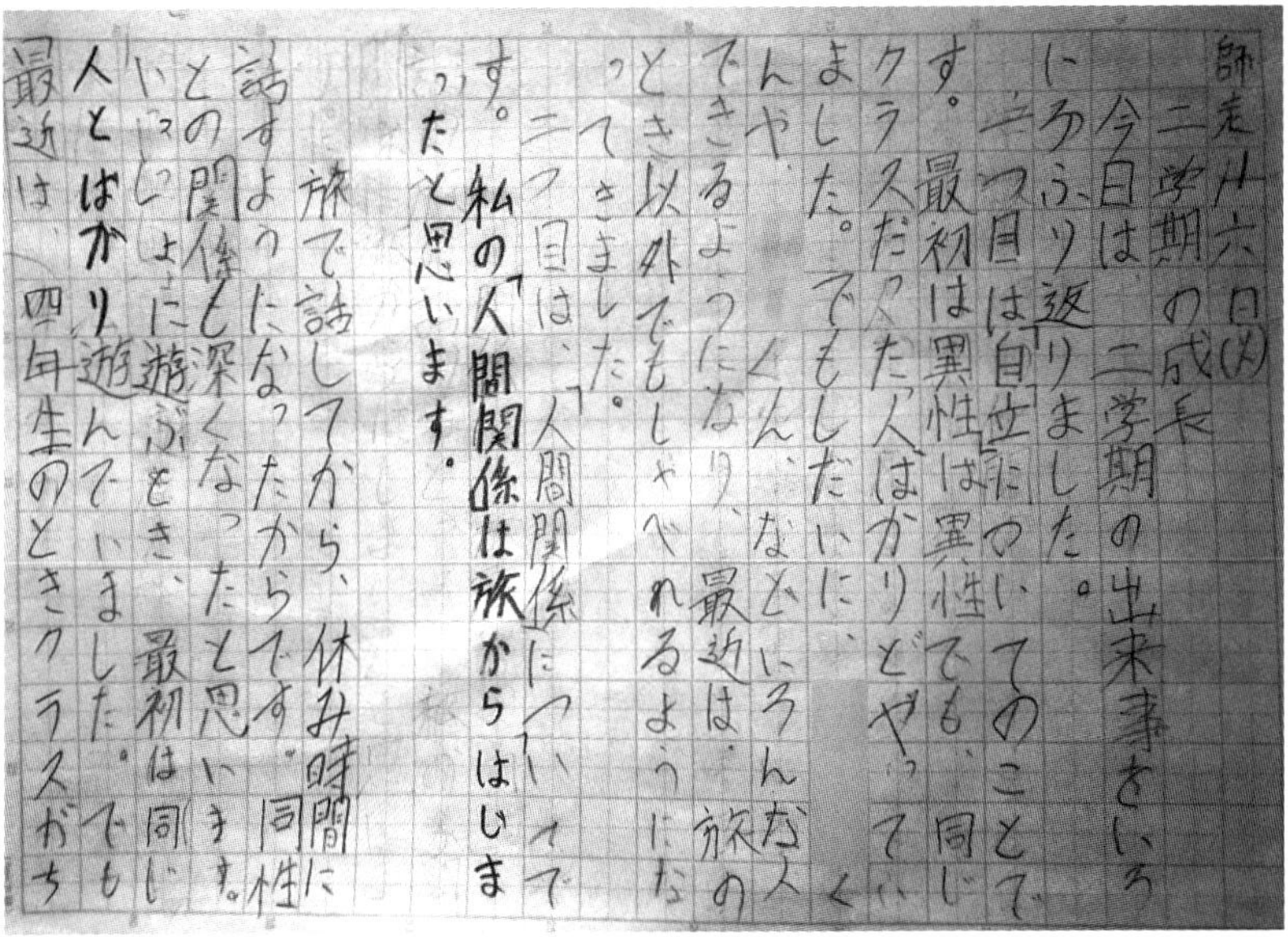

師走11六日(火)
二学期の成長
今日は、二学期の出来事をいろいろふり返りました。
一つ目は自立についてのことです。最初は異性は異性でも、同じクラスだった人ばかりとやっていました。でもしだいに、くんや、くん、などいろんな人できるようになり、最近は、旅のとき以外でもしゃべれるようになってきました。
二つ目は、「人間関係」についてです。私の「人間関係は旅からはじまった」と思います。
旅で話してから、休み時間に話すようになったからです。同性との関係も深くなったと思います。いっしょに遊ぶとき、最初は同じ人とばかり遊んでいました。でも最近は、四年生のときクラスがち

◆Bさんの作文①②

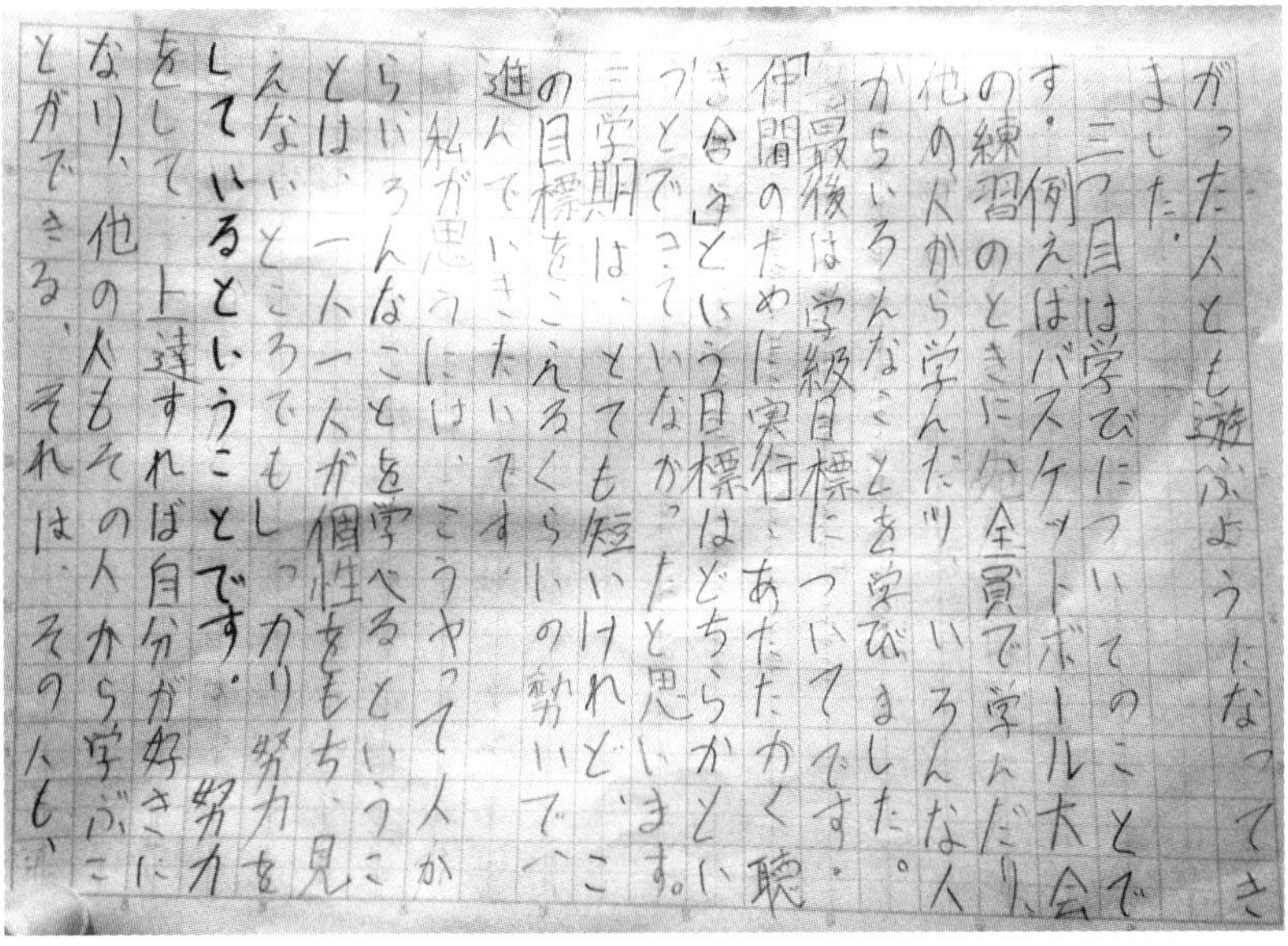

がった人とも遊ぶようになってきました。
三つ目は学びについてのことです。例えばバスケットボール大会の練習のときに、全員で学んだり、他の人から学んだり、いろんな人からいろんなことを学びました。
最後は学級目標についてです。仲間のために実行、あたたかく聴き合うという目標はどちらかというとできていなかったと思います。三学期は、とても短いけれど、この目標をこえるくらいの勢いで、進んでいきたいです。
私が思うには、こうやって人からいろんなことを学べるということは、一人一人が個性をもち、見えないところでもしっかり努力をしているということです。努力をして上達すれば自分が好きになり、他の人もその人から学ぶことができる。それは、その人も、

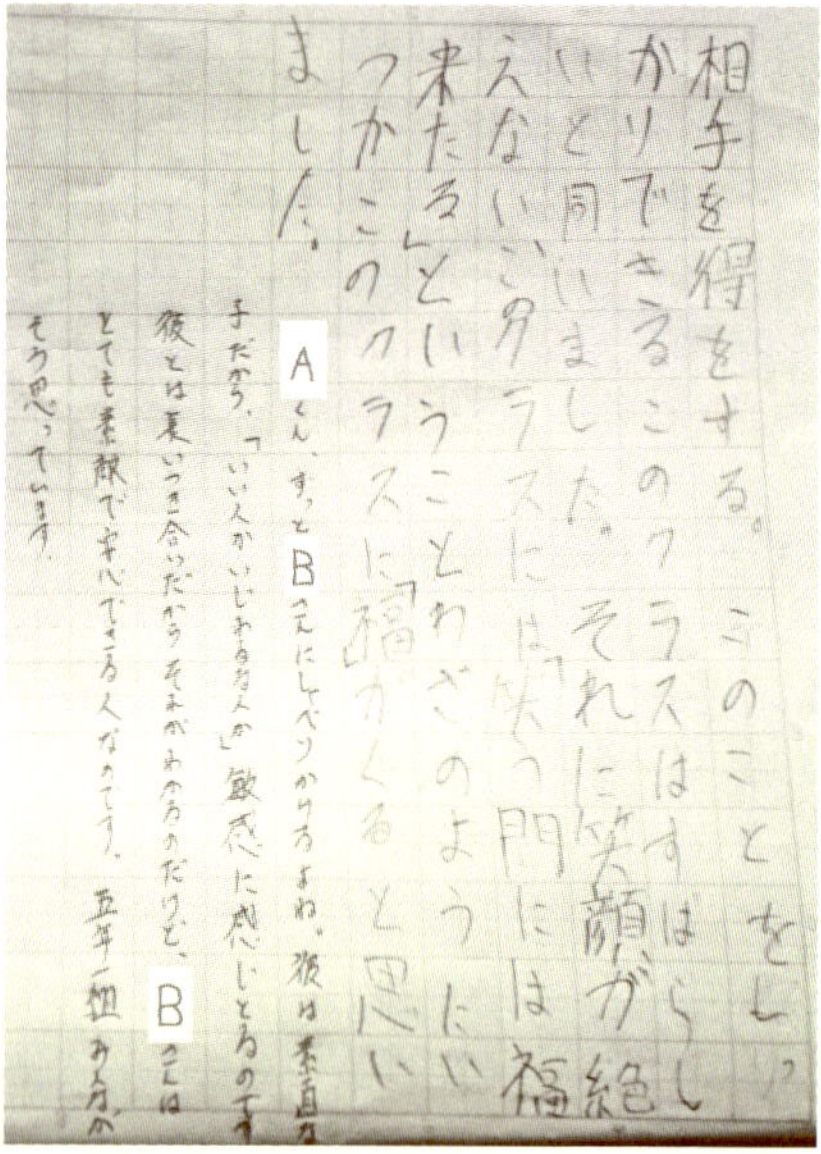

▶Bさんの作文③

うにもなったのでしょう。Bさんのいう「自立」とは、進んで広い世界に足を踏み入れ、良いものを吸収していくというものなのです。

三人目は「自分が変わることの価値」について学んだCさんです。Cさんは、どちらかというとおとなしい子どもでした。すすんで友達と会話するような子どもでもなかったと思います。私には、「おとなしさ」という殻で自分を守っているとも見えました。私は、もっと積極的になってほしいと思って「自分が変わればすべてが変わる」というコメントを書きました。すると、Cさんは、一学期を終える頃から、自分からすすんで友達とコミュニケーションを図るようになりました。また、Cさんはもともとほめる能力の高かった子どもだったのでしょう。学級の友達との関係性ができあがると、素晴らしいほめ言葉を友達に贈り、それがさらなる絆を深めることになったのです。自分の殻を見事に破ることの価値の大きさを改めて感じさせてくれたCさんです。

さて、子どもたちに作文を書かせるとき、大切なことがあります。それは「雑音をなくすこと」です。私の授業はコミュニケーションを主体としているので、普段はどちらかというと騒がしい教

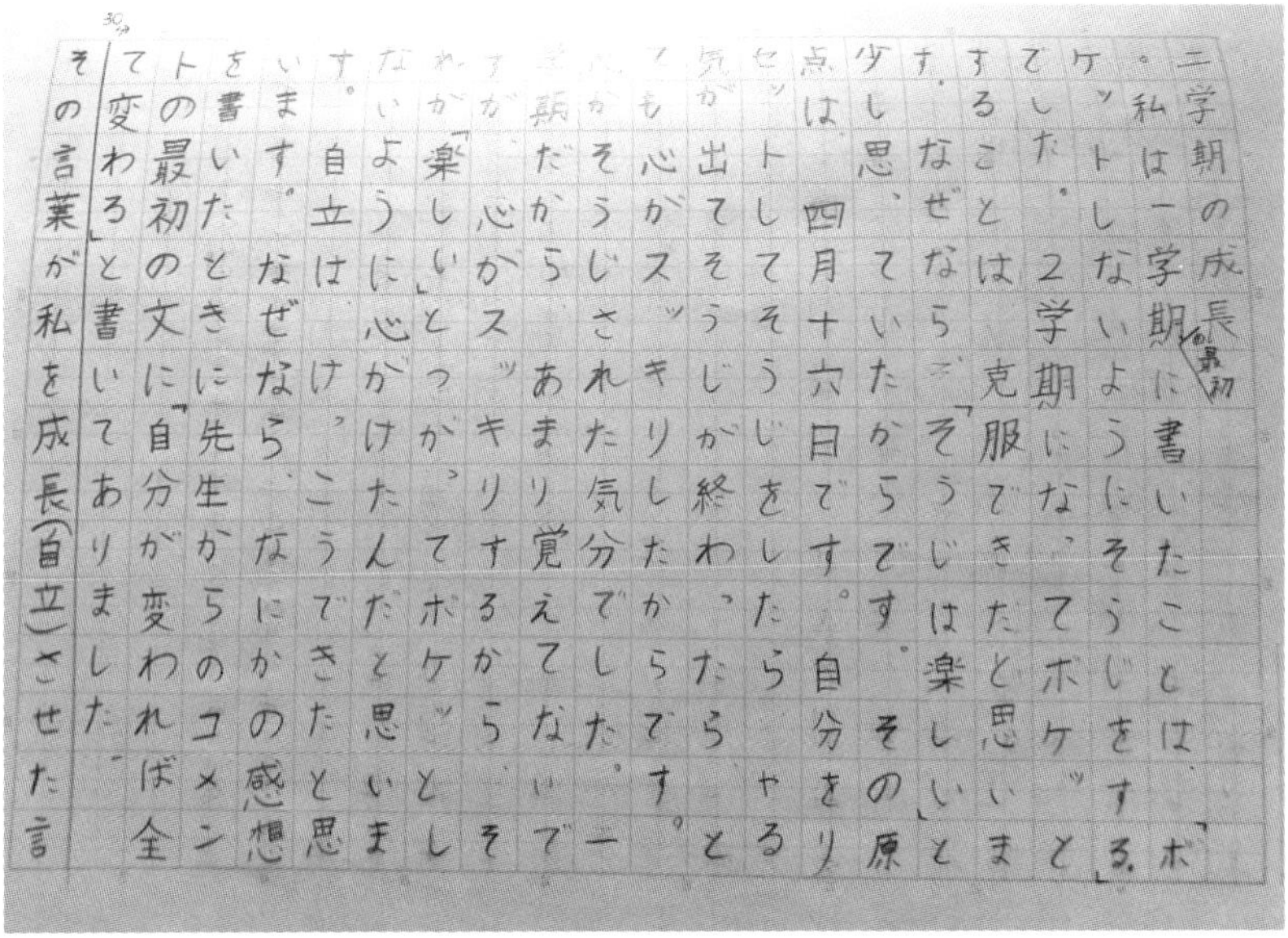
二学期の成長
。私は一学期の最初に書いたことは、「ボケットしないようにそうじをする。」でした。２学期になってボケッとすることは克服できたと思います。なぜなら「そうじは楽しい」と少し思っていたからです。その原点は四月十六日です。自分をリセットしてそうじをしたらやる気が出てそうじが終わったらとても心がスッキリしたからです。心かそうじされた気分でした。一学期だからあまり覚えてないですが心がスッキリするからそれが「楽しい」とつかってボケッとしないように心がけたんだと思います。自立はけ、こうできたと思います。なぜなら、なにかの感想を書いたときに先生からのコメントの最初の文に「自分が変われば全て変わる」と書いてありました。その言葉が私を成長（自立）させた言

▶Cさんの作文①

室です。しかし、一旦作文を書くときになると、一変して鉛筆の書く音しか聞こえない状態になります。それは、子どもたちに「学びのゴールは、最後の作文にある」ということを徹底して言ってきているからです。授業の終盤までに行われる様々な話し合いや体験活動で学んだことが、最後の作文で表に出ないようであれば、それは、遊びであり、価値ある学びではないということを日頃から厳しく口にしています。

自分の内面にあるものを見つめ、それを表に出すという行為は、自分との対話、「自問自答」です。活動によって得た知識や価値を自問自答することで内面の成長が達成でき、それが結果的に「人を育てる」ことにつながると考えています。

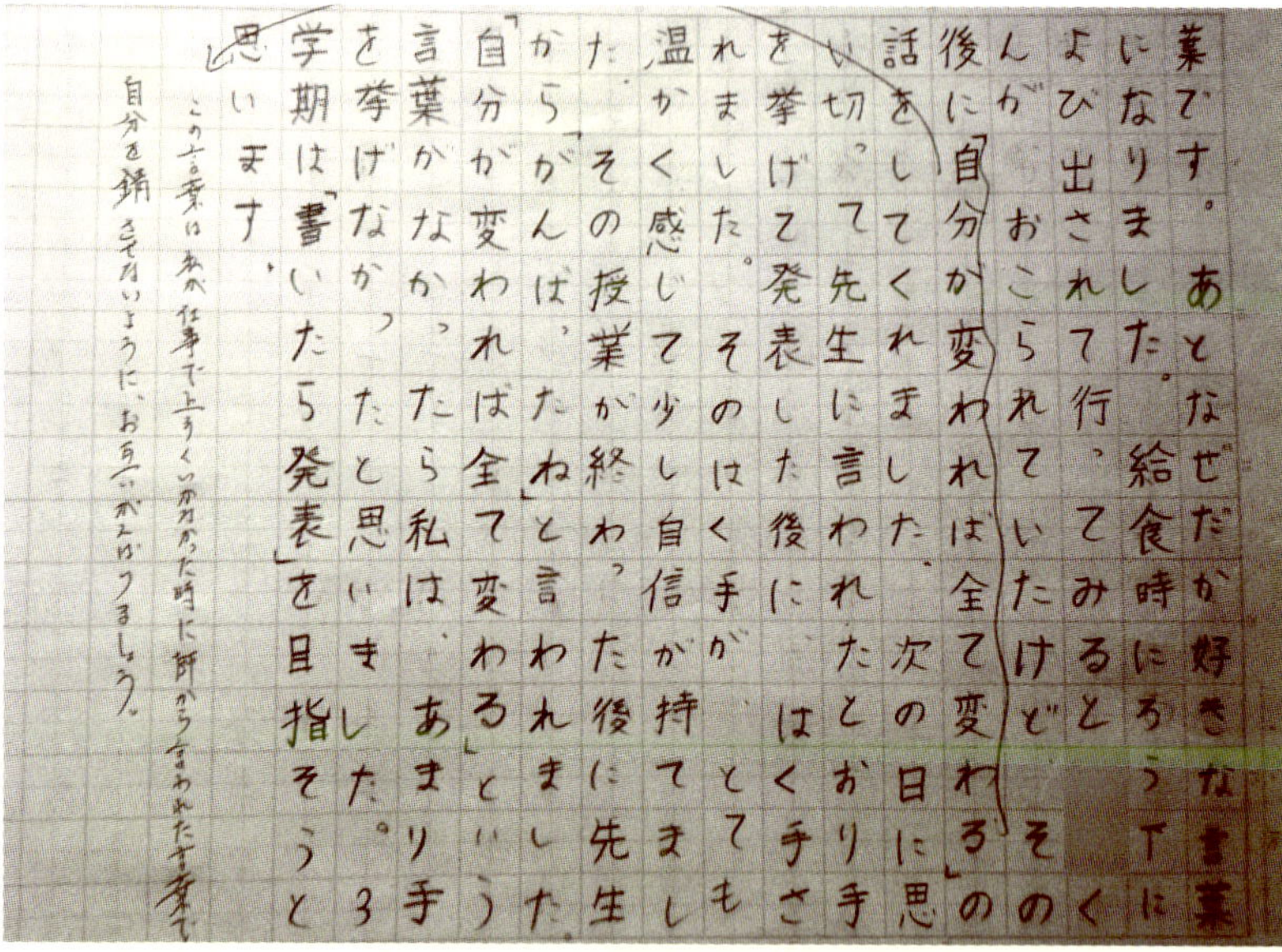
葉です。あとなぜだか好きな言葉
になりました。給食時にろう下に
よび出されて行ってみるとく
んがおこられていたけど、その
後に「自分が変われば全て変わる」の
話をしてくれました。次の日に思
い切って先生に言われたとおり手
を挙げて発表した後にはく手さ
れました。そのはく手がとても
温かく感じて少し自信が持てまし
た。その授業が終わった後に先生
から「がんばったね」と言われました
「自分が変われば全て変わる」という
言葉がなかったら私はあまり手
を挙げなかったと思いました。3
学期は「書いたら発表」を目指そうと
思います。

◀Cさんの作文②

四人目は、卒業式の数日前に書かせたDさんの作文です。Dさんに出会った頃、「喜怒哀楽」といった自分の内面を表現することを怖がっているようにも感じました。そんなDさんの作文から分かるのは、「感謝」の思いがあふれたものでした。教室の事実を中心に価値ある生き方を指導してきたこと。仲間とのかかわり合いを指導してきたこと。それらがこの子を成長させ、こんなにも自分の思いを生き生きと語るようになったことは、私にとって最高の思い出の一つです。「人は一人では成長できない。」そのことを強く伝える作文になっていると思います。

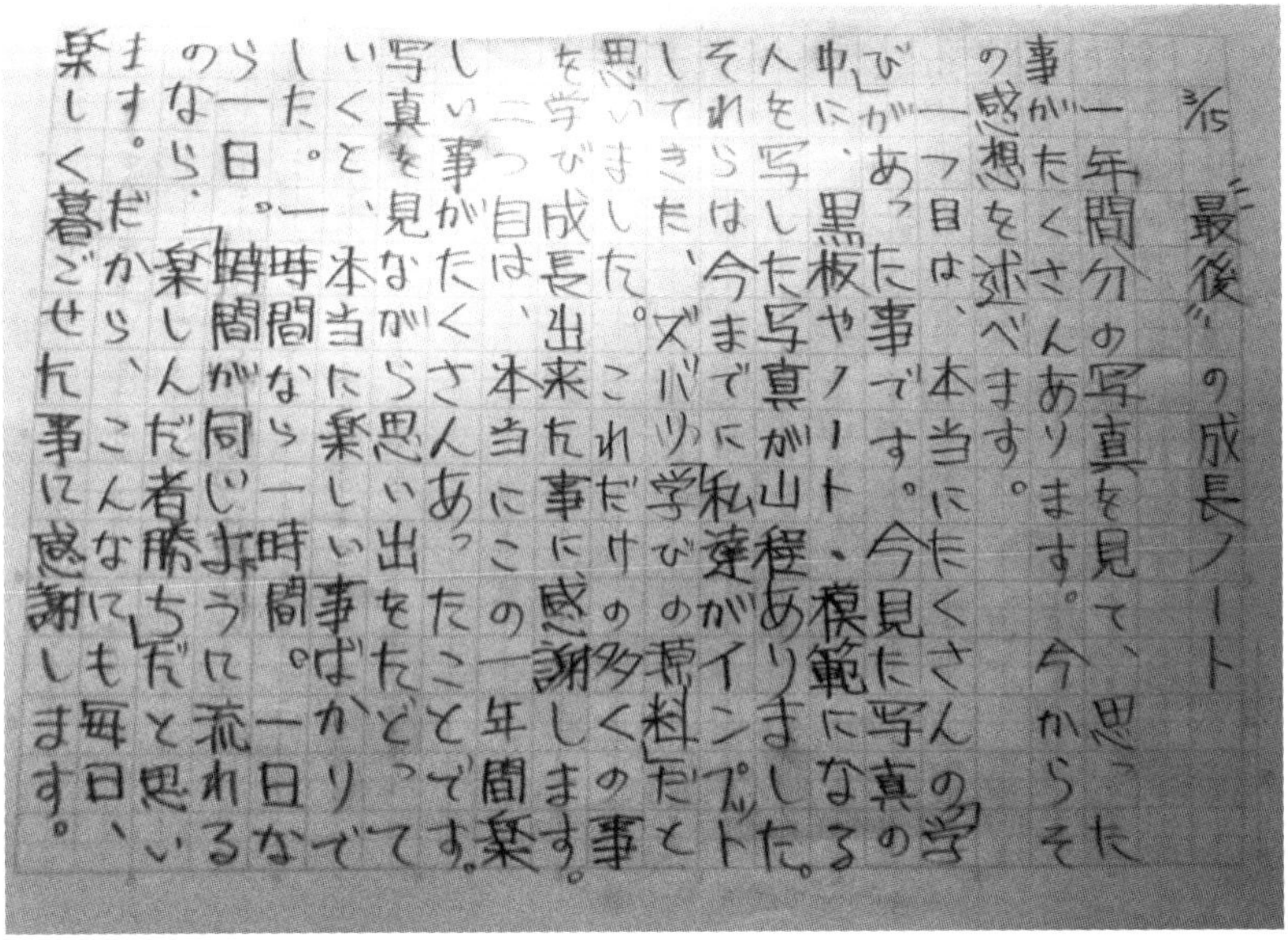

3/15　"最後"の成長ノート

一年間分の写真を見て、思った事がたくさんあります。今からその感想を述べます。

一つ目は、本当にたくさんの学びがあった事です。今見た写真の中に、黒板やノート・模範になる人を写した写真が山程ありました。それらは、今までに私達がインプットしてきた、ズバリ学びの資料だと思いました。これだけの多くの事を学び成長出来た事に感謝します。

二つ目は、本当にこの一年間楽しい事がたくさんあったことです。写真を見ながら思い出をたどっていくと、本当に楽しい事ばかりでした。一時間なら一時間。一日なら一日。時間が同じように流れるのなら、「楽しんだ者勝ち」だと思います。だから、こんなにも毎日、楽しく暮ごせた事に感謝します。

◆Dさんの作文①②

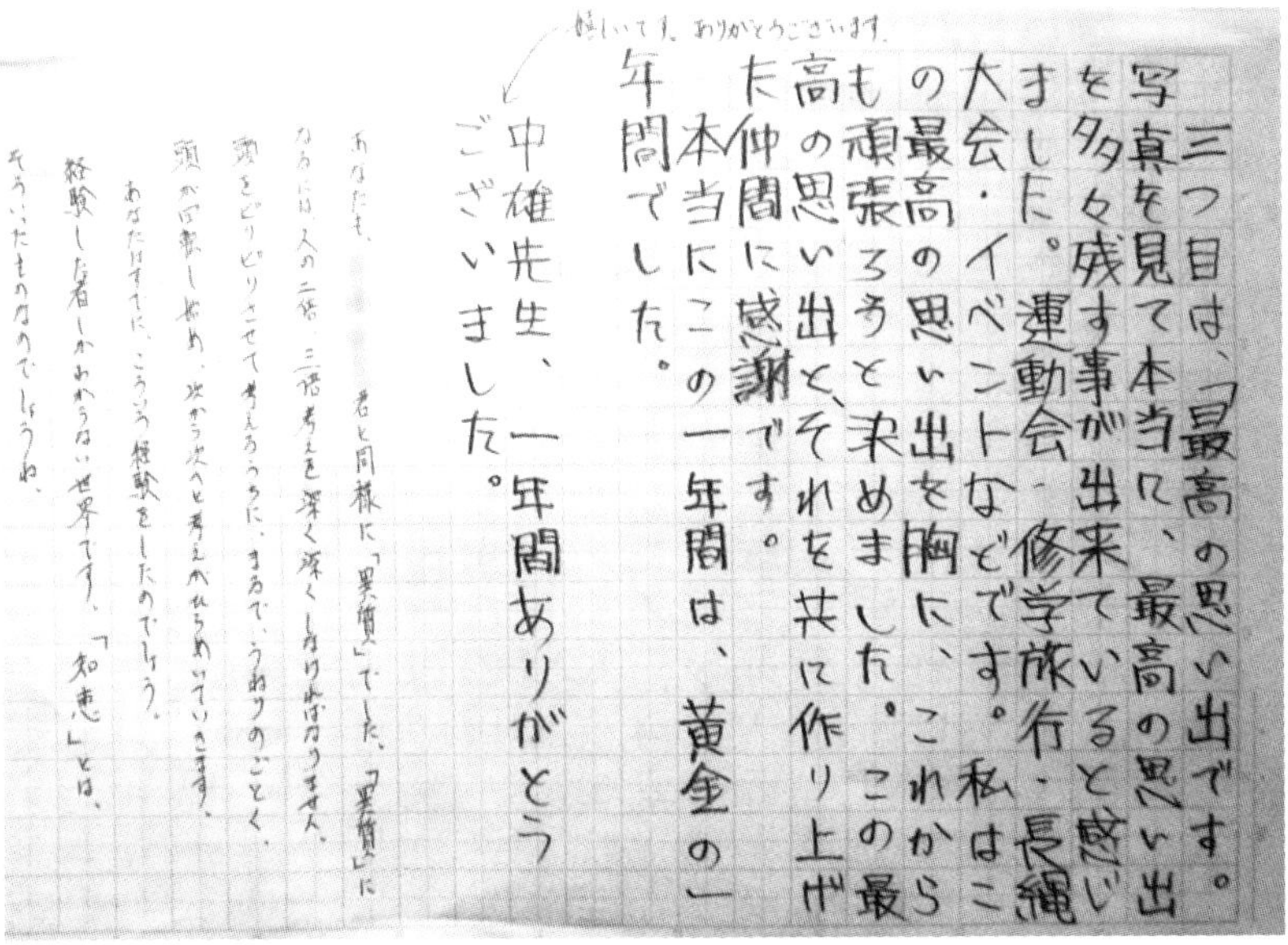

三つ目は、「最高の思い出です。写真を見て本当に、最高の思い出を多々残す事が出来ていると感じました。運動会・修学旅行・長縄大会・イベントなどです。私はこの最高の思い出を胸に、これからも頑張ろうと決めました。この最高の思い出と、それを共に作り上げた仲間に感謝です。

本当にこの一年間は、黄金の一年間でした。

中雄先生、一年間ありがとうございました。

嬉しいです。ありがとうございます。

あなたも、　君と同様に「異質」でした。「異質」になるには、人の二倍、三倍考えを深く深くしなければなりません。頭をビリビリさせて考えるうちに、まるで、うねりのごとく、頭が回転し始め、次から次へと考えがあふれていきます。あなたはすでに、こういう経験をしたのでしょう。経験した者しかわからない世界です。「知恵」とは、そういったものなのでしょうね。

第五章　「菊池道場流作文の指導」の実際

田中聖吾（1〜3・5）
中雄紀之（4）

1．言葉への意識を高めさせる

(1) ねらい～言葉を大切にさせる～

五年生の子どもたちを担任したときのことです。

クラスの子どもたちから教室で男の子が暴れているということを聞き、急いで駆け付けました。教室についてみると、確かにAくんが暴れていました。かなり興奮しているようで、大声を出したり、椅子や机を蹴ったりしています。このままでは周りの子どもたちが危ないと感じたので、Aくんの手を握って怒りが収まるのを待ち、その後に話を聞くようにしました。

落ち着いてから話を聞いてみると、どうやら友達とのちょっとした行き違いから、このような大騒動になってしまったようでした。最後に、

「頭にきて、こんなふうに暴れちゃったんだね。でもこんなふうに物を投げたり蹴ったりする前に、言葉でなんとかならなかったのかな・・・」

と言うと、Aくんはしばらく考えたあと、

「だって・・・分からんもん」

と困った顔でつぶやいたことを今でも覚えています。

この時のAくんの「分からんもん」は、一体何が分からなかったのでしょうか。もちろん、深く考えずに咄嗟に出てきた一言だったのかもしれません。しかし、私は、Aくんは「よりよく解決するための言葉が分からなかった」と言っているのではないかと感じたのです。

子どもたちは、日常生活において、言葉によって物事を考えたり感情を表現したりします。だからこそ、子どもたちの言葉が豊かであればあるほど、深く思考できたり感情を豊かに表現できたりするはずです。そして、そのような子どもは、友達ともよりよい人間関係を築き、お互いに成長し合うことのできる仲間となることでしょう。

逆に、言葉が少ないということは、思考の幅がせまくなってしまったり、うまく感情を表現できなかったりということになります。そのようなことでは、子どもたちの成長は望めないかもしれません。

つまり、子どもたちの言葉は、人間的な成長ということと密接な関係があるのです。子どもたちに言葉を大切にさせ、言葉への意識を高めていくことは大変重要であると感じます。

(2) 指導の実際例

① 「視写作文」

子どもたちは生活をしていく中で様々な言葉や文章に出会い、それを獲得しながら言葉を増やしていきます。教師は、子どもたちが様々な言葉や文章に出会う機会を意図的に増やしていかなければなりません。

そこで、おすすめなのが「視写作文」です。これは、お手本をそっくりそのまま書き写すというものです。

「本当に視写だけでいいの？」と思うかもしれませんが、まずは行ってみてください。続けていく中で、きっと子どもたちの言葉に変化を感じられるようになるはずです。そして、少しずつ子どもたちの行動も変わっていくはずです。

子どもたちに視写プリントを配って言いました。

「今から、このプリントの上の方に書いている作文をそっくりそのまま下に書き写します。これを『視写作文』と言います。友達と勉強したり遊んだりしているとき、お互いの思いや考えを伝え合うのにいちばん使うのが言葉です。この視写作文を続けて行っていく中で、みなさんはたくさんの言葉に出会うことができるでしょう。そのたくさんの言葉を身につけ、使いこなすことができれば、友達との仲ももっとよいものとなっていくと先生は思います。ぜひ、がんばってみてください」

子どもたちを見ながら、真剣な表情で言いました。そして、

「しかし、視写作文をするのにも、お手本を読めないことには話になりません。ある程度すらすらと読めなかったり、分からない漢字があったりしたら、視写作文をするのは大変です。まずは、お手本をすらすらと読めるように練習しましょう」

と伝え、まずはお手本の音読をさせました。

途中、読めない漢字は教師のところに聞きに来させるなど、全員の子どもがある程度の音読ができるようになってから実際に視写作文に取り組んでみることにしました。

「では、今から視写作文を始めます。五分間です。なるべくすばやく書いていきましょう。時間内に終わった場合は、先生に聞こえるように『終わりました』と教えてください。先生がタイムを言うので、プリントにメモをしておいてくださいね。そのあとは、しっかりと自分の書いたものを読み返し、まちがいなどがないかを確認してみてください。もし、書いている途中でも時間になったら終わりです。すぐに鉛筆を置いてください。何か不安なことや聞いておきたいことはあります

か」

子どもたちからは何も出てこなかったので、早速始めることにしました。

「いきますよ。ヨーイ・・・スタート」

教師の合図とともに、子どもたちは一斉にお手本を見ながら開始しました。教室には、鉛筆の音だけしか聞こえなくなり、ピーンと張り詰めたような緊張感がただよっています。

五分後、鉛筆を置かせて視写作文を終わりました。

初めてということもあり、最後まで書き上げた子どもは二人だけでした。最後まで書き上げることができなかった子どもの中には、少し残念そうな表情をうかべている子どももいました。

「みんな、最後まで集中して、よくがんばりましたね。今日は、これでおしまいです。途中までしか書けていない人も最後まで書く必要はありません。明日も同じお手本で視写作文をします。今日の記録よりも、明日の記録が伸びるとよいですね」

視写作文を行う場合、ねらいによって取り組み方を工夫しなければいけません。

今回は「子どもたちが様々な言葉に出会い、言葉を豊かにする」ということを第一にして、「書くスピードを高める」「集中して取り組む心地よさを味わわせる」というようなねらいをもって行いました。だからこそ、途中の子どもに続きを書かせるというようなことはしませんでした。

また、一回だけ行っても、子どもたちが自分の伸びを感じることができません。そこで、ある程度継続して行うことを子どもたちに伝えました。

子どもたちの視写作文を見ると、急いで書いたのでしょう、少し乱雑な字のものもありました。教師が読めないようなあまりにひどい字のときには、子どもに注意をするときもあります。しかし、あくまで視写作文のねらいを大切にしながら取り組んでいくようにしました。

それから、朝自習や国語の初めの時間等を使って、一週間に二〜三回程度、視写作文を続けていきました。

そして、同じお手本で一か月くらい続けていくうちに、五分間で最後までたどり着く子どもがかなり増えてきました。

「よし、最後までいったぞ」

「やった。前よりも、八秒もはやくなった」

このような声が子どもたちからも聞かれるようになってきました。中には、何度も繰り返し視写作文を行っているうちに、お手本の文章を覚えてしまっている子どももいたようでした。

全員の子どもが自分の伸びを実感できるぐらいまで取り組んだところで、お手本の文章を変えてみました。

再度、音読を行い、すらすらと読めるようになったところで新しいお手本の視写作文に取り組んでみました。

制限時間の五分間は変えずに行ったのですが、前回のお手本の最初のときよりも、最後までたどり着く子どもが多くなっていました。そして、二週間後、とうとうクラス全員が最後まで書くことができたのでした。

短時間ですが、このように継続して取り組んでいくことで
「よし、今日は全部書けるようにがんばろう」

「もう、このお手本だったら、ほとんど見ないで書けるよ」

など、視写作文が始まる前に言っている子どもも出てきました。子どもたちなりに自分の伸びを感じ、やる気をもって取り組むことができているようでした。

また、初めの音読のときに意味の分からない言葉を国語辞典で調べる子どもが出てきました。そのことを取り上げてみんなの前で称賛すると、他にも国語辞典を使って意味を調べる子どもが出てきました。このように、「視写作文」から「音読」「暗唱」や「辞典での意味調べ」へとどんどん進

化していくにつれ、子どもたちの言葉もより豊かになっていくのではないかと感じました。

視写作文を始めた頃は、子どもたちが十分に書き慣れていないということもあり、原稿用紙のようなマス目のあるプリントを使って行いました。

マス目があることで、お手本と作文がきちんと対応しているので視写をしやすいのではないかと考えたからです。また、マス目だと自分の視写できた文字数が分かりやすく、継続して行うときに子ども自身が伸びを実感しやすいのではないか、ということも考えられたからです。

しかし、子どもたちが書き慣れてくるとプリントではなく、国語の教科書をノートに視写するようにさせます。もちろん中学年以上だったら、普段の国語の学習で使うようなマス目のないノートで視写をさせるようにしています。

あくまでも視写作文をさせるねらいは「子どもたちが様々な言葉に出会い、言葉を豊かにする」ということなのです。そのことを考えると、正確に、ある程度のスピードで、子どもたちが書くことができるようになれば、マス目はなくてもよいのです。

それよりも、どのような手本を子どもたちにあたえるかを考えるべきです。意識をして、子どもたちが様々な言葉に出会うことができるようにすべきです。

このような継続した取り組みを通して、多くの子どもが言葉を豊かにし、言葉を意識して生活することにつながるのではないかと考えます。

② 「描写作文」

子どもたちの作文を読んでいると「ここのところ、もう少し詳しく描写できているとよいのに・・・」と感じることがあります。

そのようなとき、教師から作文を書いた子どもにインタビューしながら、そのときの様子、気づいたことや感じたことなどを詳しく聞き出していくという方法があります。

しかし、ゆったりと時間がとれる場合はよいのですが、いつもインタビューを行うのは少し大変です。やはり子どもたちに詳しく描写できる力を少しずつでよいので身につけさせていくべきだと考えます。

そこで私は、時々ですが、次のようなことを行うようにしています。

① 教師が二～三秒でできることを行い、子どもたちはそれをよく観察する
② 観察したことを、できるだけ詳しく作文に書く
③ 制限時間でどれだけ詳しく書けたかを確認する
④ 詳しく書くためのコツを見つけて発表し合う

子どもたちにほんの一瞬の行動や、些細なものを見せ、そのことについてできるだけ詳しく書かせるのです。子どもたちには「詳しく書く」というよりも「長く書く」というように伝えた方が、イメージをもちやすいようでした。

ほんの二〜三秒のことをできるだけ詳しく書くということは、やはり最初のうちはなかなか難しいようでした。そこで、子どもたちが作文を書いている途中に

「すごい。もう三行目までいっている。速いなぁ」

などということを教師が独り言のようにつぶやきました。すると、その教師の言葉に触発されて、子どもたちの書く量がどんどん増えていきました。

最後に、いちばん長く、詳しく書いていた子どもの作文を読み聞かせ「詳しく書くためのコツ」をみんなで考えました。子どもたちからは、次のようなコツが出ました。

子どもたちから出た詳しく書くコツ

○ よく観察しておく　○ 二回や三個など数字を入れる

○ 聞こえた音なども書く　○ 「。」を使う　○ 事実だけでなく、考えたことも書く

このような子どもたちから出たコツを共有し、実際に作文で活用していくことにより、少しずつ詳しく書くことのできる子どもが増えていきました。

③「価値語作文」

菊池道場では、子どもたちによりよい考え方や行動を教える際に示す価値のある言葉を「価値語」と呼んでいます。例えば次のようなものがあります。

子どもたちに示した価値語例

○Ａの道　○成長曲線　○継続は力なり　○相手軸
○全員参加　○ユーモアがある　○細部に実力が出る　○一人が美しい
○成長　○きりかえ力　○心のコップ　○群れない
○集団になる　○正対　○正しい叱られ方　○対話
○心の色　○可視と不可視　○自己内責任　○自分から
○一人で、すばやく、全力で　○コミュニケーションの公式
○挑戦　○黄金の一分間　○沈黙の美しさ　○ＳＡ
○公に強くなる　○自分らしさ　○顔晴る　○教室の三条件
○よい意味で空気を読まない　○ピンチはチャンス
○未来志向　○言葉の力

そして、子どもたちには、これらの価値語をできるだけ実際の作文の中で使うようにさせます。それにより、価値語がふくむよりよい考え方や行動を、より自分の中に落とし込むことができるのです。

また、子どもたちに一度だけ

「何でも『自分から』が大切だよ。『自分から』を大切にしていこう」

と伝えたとしても、なかなか定着はしにくいものです。だからこそ作文に書き、価値語を通して自分を振り返ることが大切になってきます。

「本当に今の掃除は『自分から』できていたのか。作文に書いてみましょう」

「あのとき、先生に言われてからやったのは『自分から』ではなかったかも・・・」

というような価値語を通しての振り返りを続けることにより、子どもたちは価値語を本当に自分のものとしていきます。そして価値語を本当に自分のものとしている子どもは、必ず考え方や行動にプラスの変化が出てくるはずです。

しかし、重要な価値語ですが、このような言葉を子どもだけで理解し、考え方や行動がプラスに変わるほど自分の中にしっかりと落とし込むことは難しいでしょう。

だからこそ教師の出番が必要です。意図的に、普段から価値語を使って子どもたちに作文を書かせる機会をもつようにしましょう。

(3) 育つ子どもの変容

学習場面でのすばらしい行為を、生活場面でのトラブルを、大きな行事への取り組みを価値づけして、その度に子どもたちに「価値語」として示してきました。そして、子どもたちには日々の作文において、なるべく価値語を使うようにすすめました。

そのような取り組みを継続していく中で、少しずつ書くスピードが上がり、詳しく描写できるようになるにつれて、子どもたちは価値語をすすんで作文の中で使いこなすようになってきました。

最初に紹介したAくんは、一年間の始まりのときには落ち着かず、いつもイライラしているような雰囲気でした。何かあるとすぐに大きな声で怒鳴ったり、手や足が出たりしていました。そのため友達とトラブルになることが多く、まわりの子どもたちも積極的にAくんと接しようというような感じは見られませんでした。

しかし、ここで紹介したような言葉に対しての意識を高める取り組みを続けていくうちに、Aくんに少しずつプラスの変化が見られるようになってきました。怒鳴るのではなく、落ち着いて話ができるようになってきました。次第に笑顔を見せることが増えてきました。それにともない、周りの子どもたちとの人間関係もよいものとなってきました。

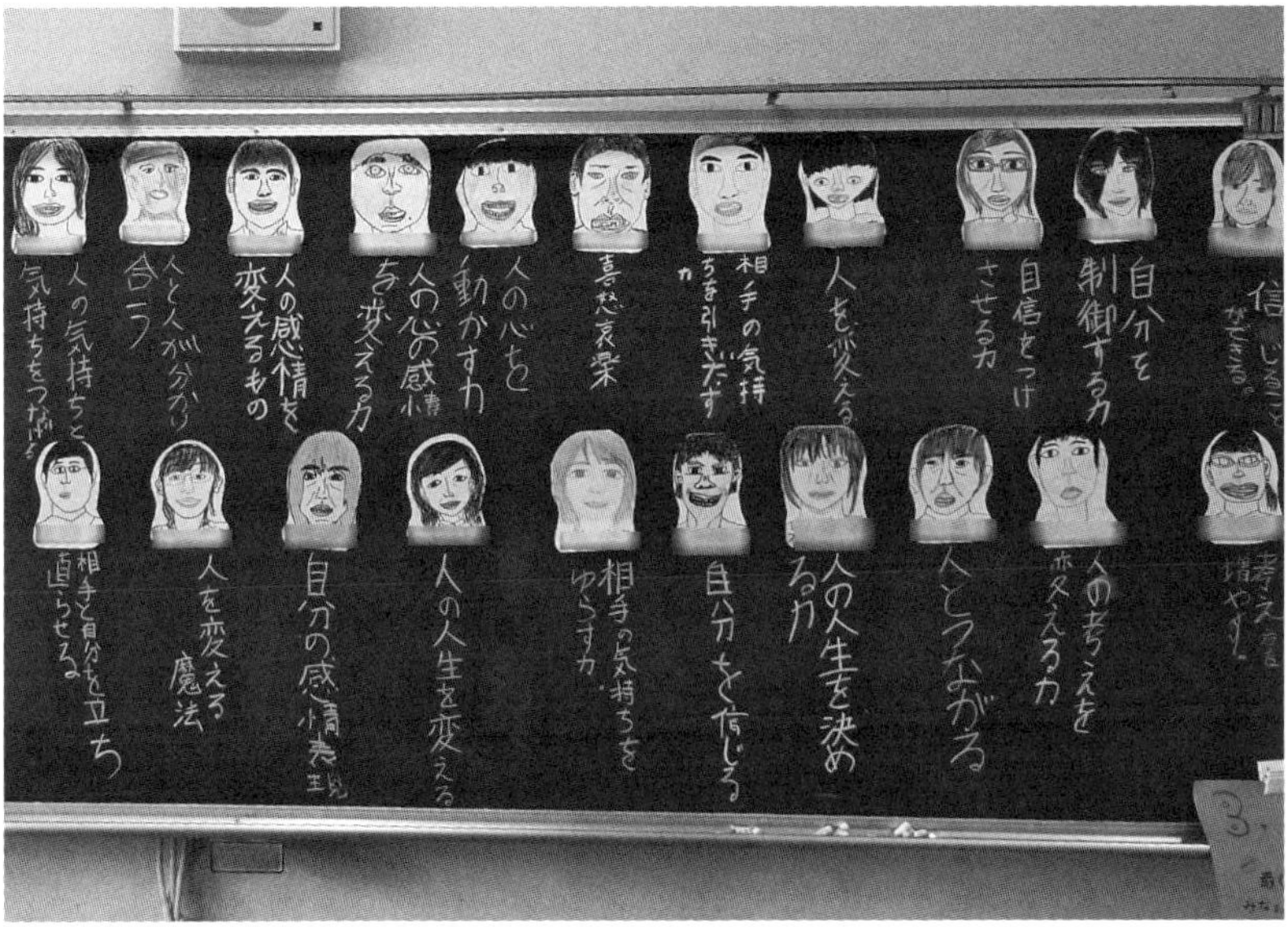

三学期、クラスの子どもたちに「言葉の力とはどのようなものか」をたずね、黒板に書いて発表させました。その後、自分の発表したことについて詳しく作文に書いてもらいました。

どの子どもも自分の考える言葉の力について、実に詳しく書いていました。その中でひときわ目にとまったものが、Ａくんの作文です。Ａくんの考える言葉の力とは「自分を制御する力」ということでした。

この作文について、Ａくんに放課後インタビューをしてみました。

「Ａくんって、この作文を読んでも分かるように、一年間で本当に大きく成長しましたよね。何でそんなに変わることができたのかな？」

しばらく悩んだ後、Ａくんは次のように言いました。

「ウーン、やっぱり昔はいけなかったと思います。なんかイライラして、友達ともよくけんかしてたし・・・でも今は、けんかする理由がなくなったんです」

「それって・・・どういうことなの？」

「イライラすることが、ほとんどなくなったんです。時々、イライラすることもあるけど・・・『相手軸』とか『克己心』とかの価値語が分かってから、自分を制御できるようになったのかな・・・」

続けて言いました。

「あと、言葉で伝えることができるから、けんかしなくてもよくなったと思います。やっぱり先生がいつも言っているけど、ぼくも言葉って大切なんだと思います」

「なるほど・・・インタビューに答えてくれてありがとう。そして、この一年間でこんなに大きな成長をしてくれて本当にありがとう」

インタビュー後、友達数人と楽しそうに帰っていくAくんを見ると、一年前のイライラとした雰囲気はまったくありませんでした。

Aくんは、この一年間で本当にすばらしい成長を遂げました。そして、そのような成長を遂げたのは言葉が関係しているととらえているようでした。

このような言葉の力を感じているAくんだからこそ、まわりの友達ともよりよくつながり、クラスのみんなと一緒に大きな成長を果たすことができたのではないかと強く思いました。

ある講演会で
「言葉には人間の心を調えていく働きがある」
ということを聞いたことがあります。
Aくんの一年間の成長を振り返ってみると、本当に言葉によって人間の心は調い、自分をよりよい方向に向かわせたり、相手を尊重したりということができるのだということを実感することができました。

ここで紹介した「視写作文」「描写作文」「価値語作文」は、子どもたちの言葉に対する意識を高めるということをねらって取り組んでいったものです。そのような意識を教師がもち、継続して取り組んでいくことで、子どもたちは言葉を大切に感じ、少しずつ言葉に対する意識も高まっていくように感じました。

言葉には大きな力があります。

これからも、言葉で自分自身の生活をよりよくしていける子ども、言葉の力を実感することができる子どもを育てていきたいと強く思います。

2．人と意見を区別させる

(1) ねらい～事実と意見を区別させる～

クラスの中で友達と繰り返しトラブルを起こしてしまう子どもがいる、ということをよく聞きます。ほんの些細なことから、悪口を言ったり、暴力をふるったりするというのです。また、教師が入ってトラブル解決のための話し合いをした際にも、なかなかうまく解決へと向かっていかないようです。

私は、このようなトラブルが起こる大きな原因として、その子どもが事実と意見をしっかりと区別できていないということがあると感じます。

トラブルを繰り返す子どもの書く作文を見ると「運動会のかけっこで一位になれたのでうれしかった」などの文章が目に留まります。事実と意見が混ざってしまっているのです。

このように事実と意見とが混ざってしまうと、細かい事実を表現することが難しくなってしまいます。また、本当に自分の伝えたい「かけっこで一位になれた喜び」が十分に表現できず、伝わりにくいものとなってしまいます。

これでは、冷静に事実や自分の思いをとらえたり、表現したりすることは難しいでしょう。そして、自分の思いを自分自身が分からない、相手にうまく伝えられないということこそ、クラスで起こる友達とのトラブルの大きな原因になっているのではないか、と考えるのです。

そこで、まず事実と意見を分けさせることを意識して、子どもたちに作文を書かせてみてはいかがでしょうか。

事実と意見を区別することで、クラスで起こったトラブルなどを事実としてきちんと理解することができるようになります。そして、トラブルという事実に対して、自分自身の意見をもって行動をすることができるようになってくるはずです。

そのようなことを繰り返していく中で、次第に人と意見を区別することができるようになれば、いじめや差別につながるような変に友達のことを歪んだ見方で接する、または接しようとしないということはなくなっていくはずです。

ぜひ、子どもたちが人と意見を区別し、友達同士のよりよい人間関係を築いていってほしいと願います。

(2) 指導の実際例

① 「たし算作文」

黒板にいきなり次のような文章を書きました。

昨日、総合グランドで野球をしました。
とても楽しかったです。

子どもたちに一度読ませたあと、次のような説明をしました。

「文章には、事実と意見とがあります。事実とは、実際に起こったことです。対して意見とは、考えのことです。さて、黒板に書いた二文は、どちらが事実の文で、どちらが意見の文だと思いますか」

少し子どもたちに考えさせたあと、

「『昨日、総合グランドで野球をした』は事実ですか、意見ですか。事実と思う人はグー、意見と思う人はパー。いきますよ。じゃんけんぽん」

と言って、子どもたちに聞きました。多くの子どもがグー（事実）ですが、何人かパー（意見）を挙げている子どもたちもいました。

「正解は、事実です。グーの人おめでとう」

「やった！」

正解だった子どもたちはうれしそうです。

「これは、実際に野球を行ったのだから事実ですよね。では、続いて『とても楽しかった』はグーの事実ですか、パーの意見ですか。じゃんけんぽん。」

今度は、全員の子どもがパー（意見）を挙げていました。

「オー、すばらしい。これは、楽しいと考えたんだから、意見ですよね。全員パーで正解です」

この後も、いくつか事実を一つ、意見を一つの文を黒板に書き、子どもたちに事実か意見かを考えさせていきました。その際、事実と意見が分かりにくい子どももいたので
・「これは実際にあったことかな、それとも考えたことかな」と声かけをする
・文末の表現に着目させる
・グループで相談させる
などの指導を行っていきました。

四～五回目には、全員の子どもが事実と意見をきちんと区別することができていました。

後日、子どもたちが事実と意見を見分けられるようになったところで、実際に事実と意見を分け

た文章を書かせてみました。

「先日、先生の書いた『昨日、総合グランドで野球をした。とても楽しかった』は、事実一つと意見一つ、つまり１＋１の文章ですね。では、みんなも１＋１の文章が書けるかな・・・四角の中に一文入れて、続きを書いてみてください」

事実１＋意見１　で書こう

昨日、私は体育館でバスケットボールをしました。
[　　　　　　　　　　]

ノートに写させた後、四角の中に当てはまる意見の文章を書かせていきました。半分くらいの子どもが書けたのを確認して

「では、自分なりに意見の一文が書けた人は持ってきてください」

と言って、教師のところに持ってこさせるようにしました。

「しっかりと意見の文が書けているね」

「オー、おもしろい意見の文だね。黒板に書いておいて」

などと子どもが書いた文を読みながら、教師は短く称賛していきました。そして、いくつかの意見の一文を黒板に書かせ、順に発表させるようにしました。

子どもたちの書いたものの中にはユーモアあふれるものもあり、発表していく中で、

「へー、おもしろい」

「なるほど」

というような声も聞かれました。

発表が終わると、教師から次のように話をしました。

「今日は、事実と意見の文を勉強しましたね。このように事実と意見を分けて書くということは、とても大切なのです。このように分けて書くことで、事実も意見もより詳しく、そして分かりやすくなります」

続けて言いました。

「そして、このように黒板にも書いてもらいましたが、意見の文のところに『その人らしさ』が大変見て取れましたよね。黒板に書いてある意見の文を読みながら、みなさんは『○○くんらしいな』『○○さんは、そんなふうに考えるのか』などと、友達についての理解を深めることができたのではないかと思います。事実と意見を分けているからこそ、その人らしさがしっかりと伝わってくるのです。きっと読み手も、そのような文章の方がおもしろいのかもしれませんね」

事実と意見とを区別しながら書くことで

・すっきりと分かりやすい文になる

・事実も意見も詳しく、分かりやすい文になる

・意見のところから『その人らしさ』が伝わる文になる

というようなことが振り返りで子どもたちから出ました。子どもなりに、事実と意見を区別して書くことの意義を感じ取ることができたのではないかと感じました。

私の勤務する学校では、子どもが明日の用意するものや宿題などをメモしたり、教師と保護者が連絡を取り合ったりするために連絡帳というものがあります。基本的に、帰る前に全員の子どもが書くようになっています。

そこで、この連絡帳を使って、事実と意見を区別しながら日記を書かせるようにしてみました。

「今日から、明日の連絡を書いた後にかんたんな日記を書きます。短くてかまいません。その日の中で心に残ったこと、お家の方に伝えたいことなどを書いてみてください」

子どもたちの中には、もう何を書こうかと考えている表情の子どももいます。

「でも、一つだけルールがあります。それは、事実と意見を区別して書くということです。では、今日は、事実一文、意見一文の１＋１で書いてください。書き上げた人から持ってきてください

ね。では、どうぞ」

最初のうちは何を書こうかと悩んでいる子どもが多いようでしたが、少しすると多くの子どもが1＋1で一言日記を書き上げ、教師のところに持ってくることができました。

四〜五分で、まだ書いている途中の子どもも教師のところに持って来るように言いました。そして、その場で子どもから話を聞き、教師が続きを書いてあげるようにしました。

数日間、はじめのうちは事実と意見を区別して書くことが難しかった子どもも、事実一文、意見一文の1＋1で日記を書けるようになってきました。ときには、お家の方に一言コメントを書いてもらったり、子ども同士で連絡帳を交換して日記を読み合ったりするなど、変化をつけながら繰り返し行いました。また、連絡帳を書く時間が長くとれるときには、1＋1を2＋1や1＋2などにして少しずつ活動のレベルを上げていくようにしました。

② 「刑事作文」

子どもたちが事実と意見を区別できるようになってきた頃、「刑事作文」に取り組んでみました。

刑事作文のやり方
①子どもたちが刑事になりきり、友達(ターゲット)に気づかれないようにしながら注意深く観察する
②観察したことを詳しく作文にまとめる

刑事になりきって詳しく友達の行動や言葉等を報告書に書かなければいけないということもあり、多くの子どもの作文の事実が大変具体的になっていきます。例えば、
・「二度うなずいた」「三人の友達と一緒に遊んでいた」など、数字が入る
・「ターゲットの○○くんは、△△さんと□□くんと一緒に・・・」など、人や物の名前が入る
などです。

また「刑事になりきる」「友達に気づかれないように観察する」ということも、子どもたちにとって楽しいようでした。どの子どもも楽しそうに取り組み、一斉にお互いの書いた報告書を読み合う

ときには、笑い声が多くの場所で起きていました。

左の写真は「刑事作文」を書く前のメモです。なぞなぞをしているときの友達の様子を観察して書いたものです。

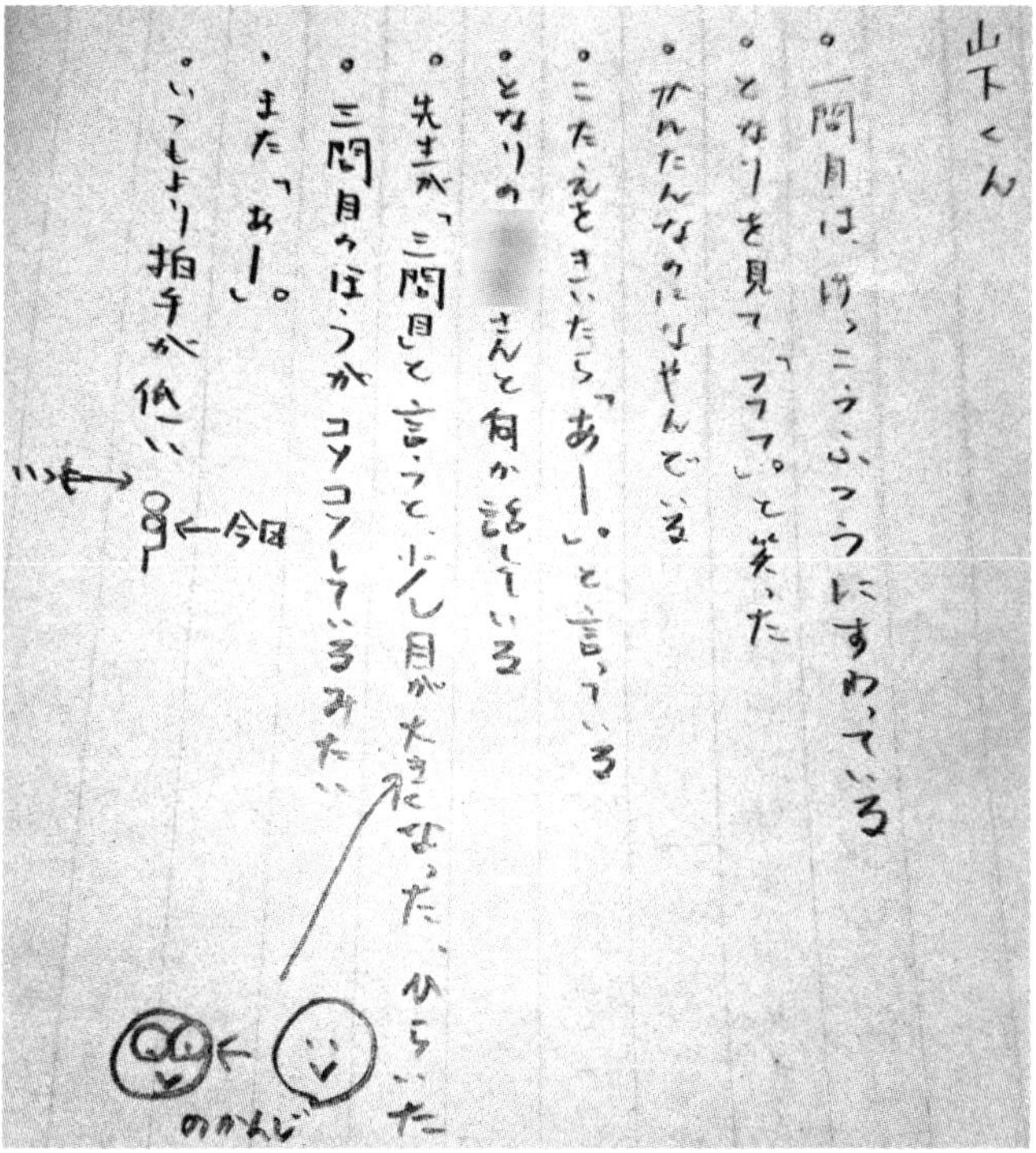

山下くん
・一問目は、けっこうふつうにすわっている
・となりを見て、「フフフ。」と笑った
・かんたんなのになやんでいる
・こたえをきいたら「あー。」と言っている
・となりの　さんと何か話している
・先生が「三問目」と言って、少し目が大きくなった、ひらいた
・三問目のほうかコソコソしているみたい
・また「あー」。
・いつもより拍手が低い
いつも
←今日
のかんじ

単に「なぞなぞをしている」だけではなく、話したことや周りの友達との関わっている様子を詳しく観察して、その事実だけをメモをしていることが分かります。

このように、子どもたちに身の回りの細かいところを注意深く観察できる力を身につけさせていくことで、きちんと事実をとらえられるよう成長していく手助けになると考えます。

③「話し合い振り返り作文」

クラスで行われる学級会などの話し合いのあと、振り返り作文を書かせるようにしています。なぜなら、話し合いこそ、しっかりと人と意見を区別して臨まなければならないものだからです。

自分の出した意見に反論されることを非常に嫌う子どもがいます。自分自身が非難されたように感じるからでしょう。また、「○○くんに賛成です」というような、○○くんの意見自体に賛成ではなく、友達関係が賛成や反対の基準となっている子どももいるようです。これらのことは、子どもたちがしっかりと人と意見を区別しないことから起きているように考えます。

そこで、話し合いが終わったら、板書やノートのメモ等を見ながら、話し合いのことを振り返る作文を書かせてみましょう。

二十分くらいのグループでの話し合いのあと、次のように言いました。

「では、今の話し合いを振り返りましょう。誰の、何と言った意見がよかったのかを書きます。もちろん、なぜそう思うのかの理由をセットにして書いてください」

子どもたちは、出された意見が書いてあるメモを見ながら、自分たちのグループの話し合いを振り返って作文に書いていました。

五分後、意見自体のよさについて書いている作文を発表してもらい、みんなで称賛し合いました。

このように、ある人が言ったからよい意見ではなく、意見そのもののよさに子どもたちの意識がいくようしたいものです。そして、話し合いでは人と意見を区別しなければならないことを繰り返し伝えていくようにしましょう。

きちんと人と意見を区別するということは、小学生の子どもたちには大変難しいことのように感じます。だからといって教師がまったく指導をしなければ、ずっとそのままになってしまうでしょう。それでは、「男子(女子)だから」「あの子とは仲良くないから」などの理由から、進んで話し合おうとしない子どもばかりになってしまいます。

繰り返し、繰り返し、機会を見ながら粘り強く「人と意見を区別する」ということを教師が伝えていきましょう。きっと、子どもたちから出てくる意見が変わってきます。そして、意見と意見がつながり出し、話し合い自体がもっと白熱してくるはずです。

そして、人と意見を区別するという意識のある子どもが増えてくれば、必ず普段のクラスの雰囲気も変わってきます。子どもたちのトラブルでいちばん多い「言葉でのトラブル」が激減してきます。きっと、友達自身と、友達の言ったこととを区別して考えられるようになるからでしょう。

(3) 育つ子どもの変容

事実と意見について学習したあと、子どもが連絡帳に書いた作文です。

・二時間目に、漢字テストがありました。はっきり言って、自信はまったくありませんでした。でも、なぜか百点がとれました。「きせきだ」と思いました。うれしかったです。
・今日の昼休みにバスケットボールをしました。試合のとき、シュートを五回うちました。そしたら全部入りました。最高に楽しかったです。

「事実と意見を区別して書こう」というような意識をしながら書いているのが伝わってきました。

事実と意見を区別して書くことにより、一文をだらだらと長く書く子どもが少なくなってきたように感じます。また、事実や意見を詳しく書き表すことができるようになり、自分のいちばん伝えたいことが分かりやすく読み手に伝わるようになってきました。


子どもたちに「文は人なり」ということを教えました。

「文というものは、書き手の人柄や性格を表すものです。文を読んだだけで、その人のことがすぐに分かるものなのです」

子どもたちを見回し、続けて言いました。

「事実をきちんと伝えようと細かいところを具体的に書いている人は、きっと『真実は細部にやどる』ということを意識しているのでしょう。友達やものごとをしっかりと観察しよう、そして、それらを大切にしようという思いやりがあふれているのだと先生は思います。また、意見の文はその人の感じていることや考えていること、つまり自分らしさを表します。まさに『文は人なり』ですよね」

どの子どもも真剣な表情で聞いていました。


読み手に自分の考えをよりよく伝えるためにも、事実と意見を区別して書くということは大切なことです。しかし、これを一度、授業で教えたからといって、全員の子どもがきちんと理解して使いこなすことは難しいでしょう。だからこそ、学習と生活を関連させることは非常に大切であると感じます。学習したことが生活に生きるという経験を通して、事実と意見を区別しようとする意識が出てくるはずです。

「事実を事実としてきちんととらえる」、「事実に対する自分なりの意見をもつ」、このようなことができる子どもは、きっと多くの友達と良好な関係を築いていけるのではないかと考えます。

ある男の子と女の子が口げんかになってしまうということがありました。最初はお互いに楽しくふざけ合っていたのですが、どうも度が過ぎてしまい、けんかになったようです。それを見つけた何人かの子どもが、とめに入っていました。私も子どもたちのそばで、どのような話をするのかを聞いていました。

「ねえ、どうしたの。何があったの？」

「○○くんから『ウルセー』って言われて、思わず△△さんも言い返しちゃったんだよね」

「私は、お互いにいけないことがあったんじゃないかと思うんだけど・・・どうかな」

・・・・

私は口を挟まず、当事者同士と仲裁に入った何人かだけでこのような話し合いを進めていました。最終的には、お互いにいけなかったと思うところを謝罪し、仲直りすることができました。

このことをクラスのみんなにも紹介しました。

「実は、先程ちょっとした口げんかがありました。先生も少し心配だったので、話し合いをしている様子を見ていました。『もしかしたら一対一の口げんかに野次馬が増え、お互いの事実も意見も聞けずに大変なことになるかも・・・』とか『事実と意見がぐちゃぐちゃになって、うまく話し合えないかも・・・』なんてことを考えていたんですが、見事に当事者と仲裁に入ってくれた友達だけで仲直りすることができました。けんかにいたった事実と、その事実に対する意見をきちんとみんなで話し合って解決していました。本当に感心しました」

話し合いの際、子どもたちは「声が大きい」「普段から仲が良い」等の理由で友達の意見に賛成したり反対したりすることがあります。発言の内容でなく、それ以外のところで自分の考えを決めてしまっているのです。これをそのままにしておいては、子ども同士の話し合いは成立しません。ましてや人間的な成長などは無理でしょう。

「人と論を区別する」ことは大切です。しかし、子どもたちに「人と論は区別しよう」などと言っても、なかなか難しいでしょう。まずは事実と意見を区別させ、そこから少しずつ人と論を区別する力をつけていくようにしたいものです。

3. 自分らしさを表現させる

(1) ねらい～自己開示をキーワードにさせる～

運動会が終わったあと、子どもたちに作文を書かせました。子どもたちの作文を読んでいると、「徒競走で○位になりました。よかったです」「組体操がきちんとできてうれしかったです」等、似たような内容が多いことに気がつきました。

確かに同じ種目に参加しているということもあるので、ある程度似たようなところが出てくるのは仕方ないのかもしれません。しかし、種目を通して、一人ひとりが感じたことや考えたことはちがうはずです。当然、一人ひとりの文章のちがいが出てくるべきではないでしょうか。

では、なぜ多くの子どもが似たような作文になってしまうのでしょうか。

私は、子どもたちの「自分らしさを表現しよう」という意識の不足に課題があるのではないかと考えます。その子どもの自分らしさが出ていないようなありきたりな作文は、一見上手に書けているように見えることもありますが、読み手の心にせまるような芯の強さを感じ取ることはできません。

クラスの子どもたちが上辺だけで一年間付き合っていくというのなら、それでもよいかもしれません。しかし、そのような自分を隠したままのつながりの中では、子どもたちの大きな成長は難しいでしょう。

菊池道場のセミナーに参加したとき、菊池学級の子どもたちが何人か参加していました。

その中の一人の女の子が次のようなことを言っていました。

「私のがんばっていることは・・・・。こんなふうにがんばっている私のことが、私は大好きです」

自分のことを大好きだと言えるこの子は、本当にすばらしいと感じました。きっと、今までの学校生活でお互いに自分らしさを出し合い、認め合い、磨き合ってきたからこそ「自分のことが大好き」と言うことができたのではないでしょうか。

子ども一人ひとりが自己開示をして、自分らしさを出すことのできる「自信」、自分らしさを出してもよいと思わせる「安心」を、心の中に築いていくことで自分らしさを表現し合える子どもたちに成長していくはずです。

ここで紹介する作文の指導がその手助けになればと思います。

(2) 指導の実際例

① 「自己紹介作文」

自分らしさを出し合う、そのためには、まず自分自身のことを変に飾らないで自己開示できることが大切です。もちろん、仲の良い友達だけの小さな集団の中だけでなく、クラスのみんなの前でもです。

子どもたちがすすんでクラスのみんなに自己開示を行い、自分らしさを表現することができるように「自己紹介作文」を行ってみました。

四年生の子どもたちを担任したときのことです。

一年間の始まりには、多くのクラスで子どもたちに自己紹介をさせるのではないでしょうか。私のクラスでも、自己紹介を書かせ、みんなの前で発表させてみました。

「私の名前は○○です。好きなことはバスケットボールです。よろしくお願いします」

案の定、このようなありきたりの自己紹介が続きました。そこで、全員の自己紹介が終わったあと、次のように言いました。

「クラスが変わったばかりで知らない友達がいるという人もいたでしょう。そのような中で、みんなの前に立って自分のことを紹介するということは大変だったし、恥ずかしかったかもしれません。でも、全員できました。本当にすばらしいことだと思います。全員で拍手をしましょう」

クラスの子どもたちから拍手が起こりました。続けて言いました。

「しかし・・・先程の自己紹介で、友達に自分のことを十分に伝えられたと言える人は少ないのではないでしょうか。今からの一年間、時々ですが、自分のことをみんなによく知ってもらうためにも自己紹介をしていこうと思います。そのときには、また新しい自分をみんなに見せてあげてくださいね」

それから二週間が過ぎ、子どもたちも少しずつ打ち解けてきました。そこで、また自己紹介を行うようにしました。

「では、以前言っていたように、君たちに自己紹介作文を書いて、発表してもらいます。しかし、もっと自分のことを出してみんなに知らせるために、少しだけレベルをあげますね。それは・・・」

子どもたちを見回しながら続けて言いました。

「自分のことを動物にたとえて紹介してもらいます」

「エー」

を説明しました。

「どういうこと？」

意味がよく分からないという表情の子どももいたので、黒板に書きながら自己紹介作文の書き方

「自分を動物にたとえよう」

私の名前は○○です。

自分を動物に例えると・・・です。

なぜなら・・・・だからです。

みなさん、よろしくお願いします。

「以前、みんなが書いていた『好きなこと』や『好きな食べ物』などのことは今回は紹介しません。そのかわり、自分を動物にたとえて自己紹介をしてください。たとえば、先生の名前は田中聖吾です。自分を動物にたとえるとクマです。なぜなら、体が大きく、のんびりとした性格だとよく人に言われるからです。でも、そんなに凶暴ではありません。だからかわいらしいクマだと思います。みなさん、よろしくお願いします」

教師の自己紹介を聞くことで、どのように書けばよいかが分かったのでしょう。多くの子どもが納得したような表情をしていました。

その後、自分をどのような動物にたとえるのかを考え、ノートに書く時間をとりました。どの子どもも、悩みながら、楽しそうに考えていました。

しばらくして、実際に自己紹介作文を発表し合いました。

> ぼくの名前は○○です。ぼくを動物にたとえるとネコです。なぜなら、いつも家ではゴロゴロしていて、マイペースなところがあるからです。でも、お母さんに「ご飯できたよ」と言われてもゴロゴロとしていると、叱られることがあります。そのときもネコみたいにすばやくご飯を食べにいきます。みなさん、よろしくお願いします。

この子どもの自己紹介作文の発表後、聞いている子どもたちから、自然と笑いと拍手が起こりました。もちろん、発表をしていた子どもも笑顔でした。

動物にたとえるということで、多くの子どもが楽しそうに取り組むことができました。また、みんなの前でストレートに自分のことを出すのでなく、動物にたとえることで、抵抗なくクラスの子ども全員が自己紹介作文を書き、発表することができました。

自己開示をして、自分らしさを出し合う楽しさを少しは実感できたのではないかと感じました。

②　「なりきり作文」

ある子どもの筆箱が隠されてしまうという事件が起こりました。
幸い、クラスみんなで探すと、すぐに近くの物陰から出てきました。しかし、筆箱を隠した本人は分からないままです。クラスの担任を受け持つのであるならば、このようなトラブルは避けては通れません。私は、このようなトラブルが起きてしまったときには「なりきり作文」を書くようにしています。

「みなさん、筆箱を探すのに協力してくれてありがとうございます。おかげで無事に見つかりました。でも・・・」

真剣な表情で、子どもたちを見つめながら言いました。

「筆箱が隠されていた状況を考えると、他のクラスの子がやったとは考えにくいです。もしかしたら、この中の誰かが、いたずら半分でAくんの筆箱を隠してしまったのかもしれません。しかし、未だに名乗り出てくる人はいないのです。なかなか言い出しにくい気持ちも分かります。でも・・・なんだか残念ですね。このようなことをされたAくんは、今、どんなことを思い、どんなことを考えているのでしょうか」

子どもたちは、静かに聞いていました。何人かは、うつむき、暗い表情です。

その後、筆箱を隠されたAくんになりきって、今、思っているであろうことや考えているであろうことを作文に書くようにしました。Aくん本人には、今の気持ちや考えていることを書くように言いました。

いつもは、どんどん書き進める子どもでも、今回ばかりはなかなか鉛筆が動かないようでした。

十分後、書いたものを何人かの子どもに発表させました。

> なんでぼくの筆箱は隠されなくてはいけなかったんだろう。たぶん、いたずらでしたと思う。でも、このいたずらでぼくは本当に嫌だった。そして、クラスのみんなにもとても迷惑をかけてしまった。いたずらをした人は勇気を出して言ってきてほしい。本当にかなしい。

発表が終わったあと、次のように言いました。

「今回の作文は、書くのも、発表するのも大変でしたね。やっぱり、その人に『なりきる』ということは、大変難しいことです。以前、相手のことを本当に思い、考えることを『相手軸』と言いました。『なりきる』ためには、本当の『相手軸』が必要なのです」

黒板に「相手軸」と書き、続けて言いました。

「言葉だけの『相手軸』でなく、本当の意味での『相手軸』をもっている人は、嫌なことをされた友達の気持ちが痛いほど分かるはずです。辛さが分かるはずです。そんな人は、たぶん友達のものを面白半分で隠すような卑劣で、最低なことはしないと思います。みなさん、ぜひ本当の『相手軸』をもてる人であってください」

すべての子どもが真剣な表情で話を聞いていました。

放課後、Bくんがこっそりと名乗り出てきてくれました。話を聞くと

「あんなにAくんが苦しい気持ちになるなんて思っていませんでした。ちょっとふざけてしただけなのに・・・言い出せなくてごめんなさい」

と言っていました。きっと、「なりきり作文」を書いたり、友達の書いた作文を聞いたりしたときから、ずっと考えていたのでしょう。正直に名乗り出てきたBくんに、Aくんの書いた作文を読み聞かせると目に涙をうかべながら聞いていました。

その後、教師と一緒にAくんのところへ謝りにいきました。Bくんの反省して真剣に謝る姿に、Aくんも「もう、いいよ」と許してくれました。

相手の気持ちや考えを「読む」ということは、必ず自分の中を通さないとできないものです。つまり、相手の気持ちや考えを「読んで」書いた作文には、必ず自分らしさが表れます。

筆箱を隠してしまったBくんの作文を紹介します。

作文を読むと、筆箱を隠してしまったことへの申し訳なさや謝罪したいという気持ちがうかがえました。

きっとこの作文を書くとき、何度も心の中でAくんに謝ったのではないかと感じました。だからこそ、Aくんもそれを感じ取り、快く許すことができたのでしょう。

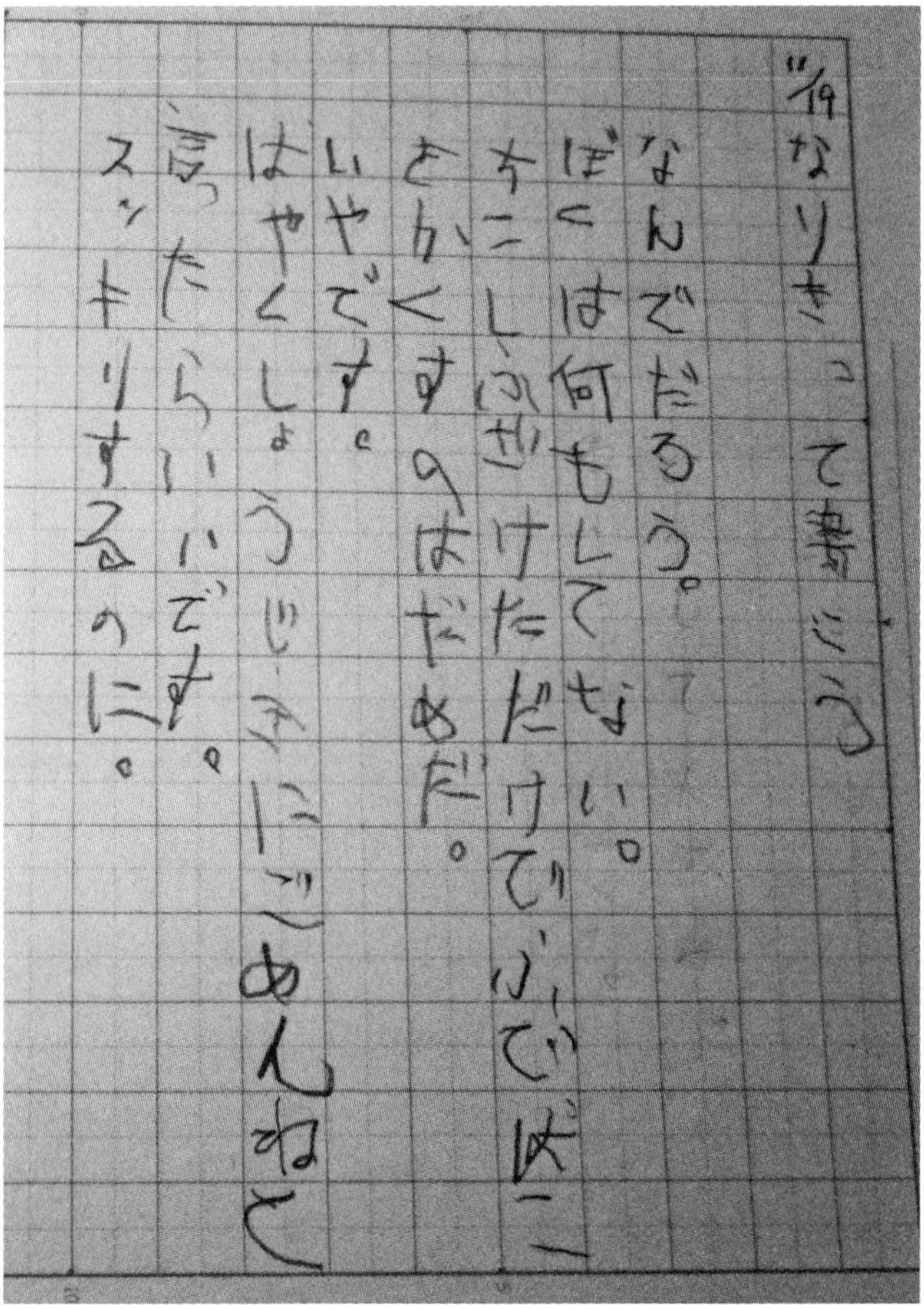
なりきって書こう
なんでだろう。
ぼくは何もしてない。
すこしふざけただけでぼくに
とかくすのはだめだ。
いやです。
はやくしょうじきにごめんねと
言ったらいいです。
スッキリするのに。

③「未来作文」

大きな行事の終わったあと、または終業式や修了式などの節目のときに「この先の未来で、どんな自分になっていたいか」ということを作文に書かせるようにしています。それにより、子どもたちは今の自分を見つめ、それをふまえて「未来は、こうなっていたい」というような成長していく自分の姿を思い描くことができます。自分のよさや頑張っていることを確認することで、よりよい自分になっていこうという気持ちを高めることができるはずです。

また、書いたあとには発表し合う場をもつようにします。今まで頑張ってきた自分、これからも頑張ろうとしている自分、これらのことを自己開示してクラスの友達と共有し合うのです。

もちろん、まだまだ頑張りが足りなかったということを書く子どももいます。しかし、そのような子どもも、未来に向かってマイナスをプラスにするために頑張っていきたいというようにとらえることでしょう。

多くの子どもが未来に向けて自分を成長させ続けたい、という成長し続ける自分らしさを感じることができたのではないかと感じます。

子どもたちが二学期の終業式に書いた「未来作文」を紹介します。

■卒業式
六－一は、今どんなクラスになっていますか。

今の六－一は、一人一人の自分らしさがあふれています。

ぼくは今、人の助けをかりて作文を書いています。

卒業前には、自力で作文を書けるようになっていますよね。

中学校では、何でも自力でできるように、今、がんばります。

平成二六年一二月二四日のぼくより

■「卒業式」　平成二六年一二月二四日
もう卒業ですね。今の自分はどうですか？？？

六年間をふり返ってみると、とても幼くわがままでしたね。

でも、ふり返っていくと、楽しかったことやさみしかったこと、くやしかったことがあると思います。

そんなことを乗りこえ、クラスのみんなや二組の人や全校のみんな、先生方などが支えてくれていたから、私たちは成長し、卒業できたのではと思っています。

一年生から六年生まで、いろいろな経験をしてきましたね。

つらいことがあっても友達や今の一年生の笑顔を見ると、心が温かくなり、また楽しいことがさらに増えましたね。

でも、卒業するのはいやだけど・・・いつかは絶対に卒業というものが中学、そして高校でもあることですよね。

初めて六－一、そして菊池先生のクラスになり、今となるとよかったと思っています。

最初は、慣れなくて仲のいい人ばかりについて行き、自分では何もしようとはしていませんでした。

けど、だんだん六－一で過ごす時間が増えていき、いろんな人と話をするといろんな人と仲が深まり、仲がいい人だけではなくなっていきました。

少しのことでキレて物に当たっていたけど、そんな自分を見捨てずにいた六－一に来れたからこそ成長でき、今こうして自分に手紙を書いているんだと思うと、とても昔の自分や六－一に感謝したいと思います。

六年間ありがとうございました。

(3) 育つ子どもの変容

「自己開示」、この価値語を子どもたちに示し、継続して意識させてきました。少しずつですが、子どもたちは、自分を変に隠したり飾ったりせず、自分自身の言葉で表現できるようになってきました。そして、自分の考えを分かってもらおうと、ていねいに言葉を考えながら話をする子どもが増えてきました。また、友達の言葉をしっかりと受け止め、真剣に考えて言葉を返そうとしている子どもも多くなってきました。

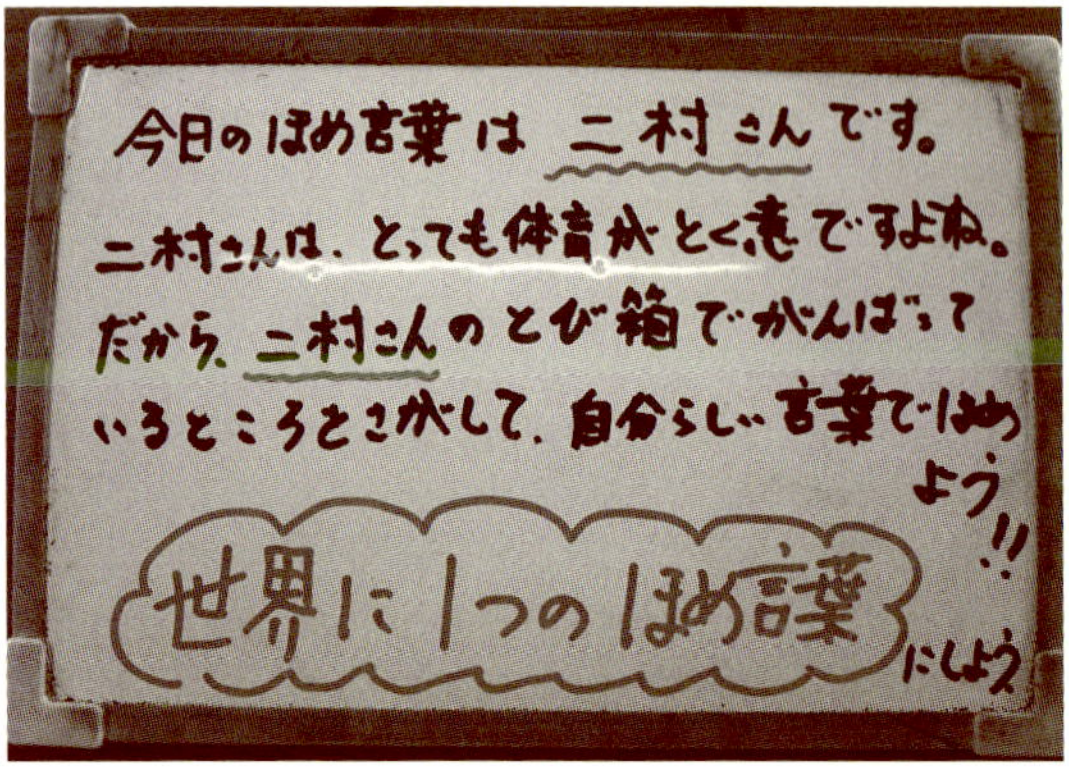

上の写真は、教室の入り口にかかっているホワイトボードです。私のクラスでは、当番の子どもが放課後にみんなへのメッセージを書くようになっています。

このホワイトボードを読むと、自分らしさを表現することを大切にすると同時に、その友達らしさも大切にしようというような気持ちも育ってきているのだと感じました。そして、その日のほめ言葉のシャワーでは、多くの子どもたちは自分らしさを発揮して、心に残るものとなりました。

このような、自分らしさを表現し合える子どもへの変容について、菊池先生とある教育雑誌の編集長との間で交わされたメールのやりとりを、一部抜粋して紹介します。

【菊池】
コミュニケーション力が育つと相手の心、気持ちを読むことができるようになるのでしょう、といった内容でした。
文章を読むだけでなく、
先を読む、
時代を読む、
相手の気持ちを読む、
・・・
「なりきる」ことの意味や価値も通じることなんだなぁと改めて考えています。

昨年度のあの時の言葉が今でも残っています。

いろんな子どもたちがいます。

ざっくりとした言い方ですが、コミュニケーション力が素直に、そして確かに伸びている子どもは、相手の気持ちを読んで言葉を選んだり行動を取ったりしています。

ていねいな育ち方、生き方をしていると思います。確かですね。

ただ話せればいい、ただ意見が言えればいいといった浅い感じではだめですね。

毎日の教室でつくづく思います。

「相手軸」という言葉は知っていても心が魂がないのだから・・・。

大切な価値を子どもたちに理解させたい、子どもたちの中に落とし込みたいと強く思います。

【編集長】

菊池教室にうかがった時のこと、覚えていて頂いて恐縮です。

（中略）

最初はまず「ただ話せばいい」「ただ意見が言えればいい」という段階があると思います。また、「相手軸」などにあたるような「価値語」、「概念語」を与えておくことも重要だと思います。

つまり、カルガモの仔が母鳥に従いて真似して歩いていくようなことが要りますし、乳ばかりではなく、少し固いものを混ぜた離乳食のようなものが要るんですね。

特に、後者の概念的・抽象的な言葉というのは、今の子の弱いところでもありますから。

「和語」というのは、美しさ・柔らかさのある反面こういうところに弱く、概念や観念は「漢語」や「コミュニケーション」などの外来語に頼っているのですが、漢語は明治の頃の人ほどには知っていないし、英語もまだまだですよね。

でも、菊池学級が与えている「価値語」や「相手軸」などの語は、いろんなことをまとめて一つの軸で貫いたり、関係づけたり、鳥瞰したりする力があるのです。

こういうものを、昔なら中学、今なら小学校高学年から与えていかなくてはなりませんね。

以前にお話ししました、相手の気持ちを「読む」という意味での読解力と、今回の「なりきる」ことから生まれるであろう本物の「相手軸」は、きっと本当の「自分軸」を築いていくでしょうし、自分自身の心を〝読む〟力へと育っていくことでしょう。

自分らしさを表現するためのキーワードとしてあげた自己開示は、コミュニケーションの第一歩だと考えています。子ども同士の自己開示を進めることにより、きっと「安心」して自分を出し合えるような教室の雰囲気につながっていくことでしょう。

そして、しっかりとつながった相手を通して、子どもたちは自分自身のことを深く理解したり考えたりできるはずです。そのようなことを繰り返し行うことで、子どもたちは「自信」をもって本当の自分らしさを表現できるようになるのではないかと考えます。

その子どもの「自分らしさ」が随所に表れるような作文を目指して作文の指導に取り組んでいくことが大切です。

もしかすると、そのような作文の中にはあまり見栄えのしないものもあるかもしれません。しかし、見栄えばかりにとらわれず、教師が子どものよさや特徴、つまり、その子どもの「自分らしさ」を作文の中から感じ取り、書いた子どもへと返していくように心がけたいものです。そのようなことを日々の作文の指導で意識していくことにより、子どもたちは本当の「自分らしさ」とはどのようなものなのかを深くとらえることができるようになるのだと考えます。

4 友達とのかかわりを大切にする

●ねらい

従来の作文指導は、その目的が表現技術であったり、段落構成であったりしていました。つまり、技術的な指導に力を入れて、個々の力を伸ばすものであったような気がします。個に帰結する指導だったのです。いかに優れた作品をつくるかが問われるため、子ども同士のつながりがねらいとなることなど、ほとんどないのです。

しかし、本来、作文指導とは、子どもの言葉の力を高めるためのものです。子どもたちの「言葉の力」を高めることの最終的なゴールは、豊かなコミュニケーションの実現です。

この考え方に立つのであれば、作文指導もコミュニケーションと一体化されるべきです。書くこととコミュニケーションが一体となったときにこそ、子どもの言葉の力が高まったといえるのです。

私たちは、コミュニケーションを軸とした学習指導や学級指導に力を入れています。人は、コミュニケーションによって人間関係を築き、ときには壊すからです。子どもたちの豊かなコミュニケーションを実現することは、学級づくりそのものなのです。

菊池省三先生は、これまで数多くの学級崩壊を立て直してきた教師です。なぜ、菊池先生が崩壊学級を立て直すことができたのか。そこには、教師としての二つの軸があるように感じます。

一つ目は、教師と子どもの関係をつくる軸です。言うまでもなく、菊池先生は「ほめる」という分野において一流の観察眼をもっている教師です。ちょっとしたしぐさや変化も見落とさず、確実にほめていきます。ほめ言葉、つまり、教師の言葉かけをよく研究されています。授業中指名するときでさえ、「今日の朝、教室の電気をつけてくれた○○君に答えてもらおう」といってほめます。また、ユーモアという面でも磨きに磨かれていきます。故有田和正先生の言われた「一度も笑いのない授業をした教師は犯罪者だ」という名言を常に意識しています。

二つ目は、子ども同士の関係をつなぐような仕組みをつくっています。子ども同士がほめ合う「ほめ言葉のシャワー」は言うまでもないでしょう。そこを軸に、子ども同士の話し合いが温かく、時には白熱するように、常に手を変え、品を変えています。「熟議」や「朝の質問タイム」、「ディベート」といった実践と共に、拍手や視線といった非言語の価値についても教え、それが、子どもたちの人間関係を円滑にする一つになっています。

このように作文指導においても、人間関係を築くという明確な目的をもって指導に当たるべきです。そうすることで、豊かなコミュニケーションに一歩ずつ近づき、学級そのものが温かいものへと変容していくからです。これから述べていく、「ほめ言葉作文」や「会話作文」の実践はまさに、子ども同士の関係をつくっていくためのものです。

● 指導の実際

(1) ほめ言葉作文

① ほめることの意味

「自尊感情の低い子どもが増えている」という話をよく耳にします。そもそも、日本人は、あまり自分の長所を主張しないところがあるので、世界的に見ても、自分のことをよくは見ないようです。そのような性格からか、他人に対しても、ほめるという意識が薄いのも日本人の特徴かもしれません。

しかし、人はほめられることによって、心が満たされ、幸せな気分になります。「私って結構いいかも」。このような感情が次へのやる気になります。そして、ほめてくれた相手のことも「あの人は私を認めてくれている。ありがたいな」というように肯定的に考えるようになります。このような感情は万国共通といえるでしょう。

教室においても、友達をほめるという行為を通して、子ども同士の関係を良好なものに変えていくようにしています。子ども同士の関係が良好なものになると、たくさんのメリットが発生します。授業中は、教え合いや話し合いができるようになり、活発な学習態度が形成されていきます。実験や調理実習も楽しい雰囲気で進みます。給食時間や休み時間には会話がはずみます。友達をほめるという行為が、子ども一人ひとりの学校生活そのものを変えていくのです。

② 子どもたちに自分のよいところと悪いところを書かせてみる

四月。新しく出会った子どもたちに少し慣れてきたころ、子どもたちがどれくらい自分のよいところを知っているか書かせてみました。予想はしていたのですが、圧倒的に悪いところの方が多いのです。周りから優等生として見られていた子どもでさえ、一対九の比率で悪いところをたくさん書いているのには驚きました。おそらく、大人からはほめられていても、子ども同士でほめることがなかったため、実感が薄かったのでしょう。

子どもたちが書いている様子を見ながら

「みんな悪いところだらけだね。先生、怖い！」

と冗談を飛ばしました。少し、雰囲気が和みました。全員が書き終わったのを確認して友達をほめることの価値を話しました。

「あなたたちは、自分のよいところを知らない人が多いようですね。それってよくない病気なんだよ」

きょとんとする子どもたち。理由を話します。

「自分は悪い人間なんだ。いいところなんかほとんどないんだ。つまらない人間なんだ。ね、病気になりそうでしょう」

納得できたようです。次に、自分のよいところを見つけることについて話します。

「落ちているごみを拾うとか、泣いている友達に『大丈夫？』と言うとか、ノートを配るとか。こういったものはよいところではないのかな」

「先生、それは当たり前です」

「そうだね。当たり前かもしれません。でも、世の中で当たり前といわれていることは、正しいこと、人のためになることでしょう。だから、先生は当たり前のことができる人はすごい人だと思うな。みんなは当たり前と思って、よいことが見えなくなっているかもしれないよ。もっと当たり前のことに目を向けて、友達や自分のよいところを探したほうが、きっと今より元気になれると思うなあ」

黒板に絵を書きながら、よいところをたくさん自覚できた方が笑顔になることを伝えます。

「自分は、これもいい。ここもいい。ここだって頑張っている。・・・ほら、なんだか笑顔になってくるでしょう。自分にはたくさんよいところがあると感じることは、健康で元気でいるために大切なことなのです。先生が言っていること、伝わりますか」

うなずく子どもがほとんどです。

「でも、困ったことに、みんなは自分ではよいところが見つけられないみたいですね。どうすればいいでしょう。隣の友達と相談してください」

教室のあっちこっちで『周りの人が言ったらいい』という声がつぶやかれています。一人の子を指名して発言させます。

「友達のよいところを伝えることを日本語では○○○といいます。何でしょうか。もう一度隣の人と相談しましょう」
五、六組のペアが気づいたようです。その中の一組を指名して「ほめる」という答えを全員で確認します。次に、いよいよほめることの価値について黒板に書きながら説明しました。
「『ほめる』を漢字で書くと『誉める』です。上の部分は『光る』です。下の部分は『言葉』ですね。ほめるというのは、相手をピカーンと光らせる最高の言葉なのです。友達をほめたり、友達からほめられたりすることで、この学級はみんなが光っていきます。自分もいい、みんなもいい。そんな元気で優しい学級になっていきますよね。だから、先生はほめ言葉は大切な言葉だと思っています」

教師が子どもたちに「もっと友達をほめよう」と一生懸命声をかけても、子どもたちはなかなかほめていきません。それは、きちんとほめることの価値を説明しないからです。これは、計算でも音読でもそうです。価値づけるということは、子どもたちを動かす燃料になるのです。

③　ほめ方を考えさせる

友達をほめることに慣れていない子どもにとって、ほめ言葉を考えることは大変難しいものです。そこで、最初は簡単な事例(写真)を使って全員でほめ言葉を考えるようにします。

「今日の算数の時間の写真です。とてもいいなと思って撮りました。この二人に何と言ってほめますか。三文でほめ言葉の文を考えてみましょう」

この指示のポイントは二つあります。まず、今日のできごとという、新しいものを使っていることです。ほめ言葉を伝えるときは、なるべく即時的、遅くても翌日までに行った方がほめられたことを実感できます。二つ目は、三文で書かせることです。一文だと、「算数を頑張っているから偉い」のように内容が不十分になってしまいます。また、逆に一文がだらだらと長くなって、意味が伝わりにくくなることもあるのです。

子どもたちの書いたほめ言葉の文は全員で読み合います。書いた文を机の上に広げさせて、教室を立ち歩かせながら、全員分のほめ言葉の文を読ませるのです。活動前には、必ず次のような指示を出しておきます。温かいほめ言葉の文にもポイントがあることに気づかせる指示です。

「よい文だなと思ったら、名前をサインしてあげなさい。後でいちばん素晴らしいと思った人の文を聞きますよ」

活動後、子どもたちが選んだほめ言葉の文を聞き、人気のあったほめ言葉の文を読み聞かせします。このようなよい文に出会わせていくことが子どもたちにほめ言葉の文をつくるときのポイントであったり、温かい言葉の力強さを感じさせることになったりします。

子どもたちがほめ言葉作文の書き方について理解できたところで、ペアを決めます。最初は隣の席の友達がよいでしょう。そして、一時間でも、一つの学習活動でもよいので普通に行います。ただし、授業後にはペアの友達のよいところを三文で伝えるというルールを決めておくのです。授業中は、

「隣の友達をよく観察しているかな」

「隣の友達が元気になるほめ言葉を用意しておこうね」

「たくさんほめてあげられるといいね」

などの言葉かけをしておくと子どもたちも隣の席の友達に目が向くでしょう。授業後は、四、五

分の時間を取って、ほめ言葉作文を書くようにします。ペアの友達に伝えさせた後、一言感想を言わせたり、教師がよいと思ったものを紹介したりすることもできます。

ほめる相手については、隣の席の友達だけではなく、班の友達にしたり、一人を班や学級全員でほめたりするなど、対象を変えていきます。学級全員をほめる経験を積ませることが、結果として学級づくりになるのです。

④　ほめ言葉の文を伝え合う機会を、年間を通して継続的に行う

この実践は、一回で終わりというわけではありません。何度も何度も繰り返し行うことで子ども同士の関係ができあがるものなのです。一日の中では次のような機会をとらえてほめ合う活動を行うことが考えられます。

・健康観察時の態度や声　・終わった宿題を見合うとき　・授業中の活動後
・五分休みの動き方　・給食中のマナー　・掃除時間の様子　・休み時間の過ごし方

一日の中でも特に、授業中においてはいくつものほめる機会が考えられます。漢字や計算、音読等の練習中や練習後の結果からほめることもできます。ペアやグループで話し合ったり、実験したりした後もできます。さらに、話の聴き方や話し方でもほめ合うことができます。

年間を見通すと次のような機会があります。
・行事ごとに（運動会・発表会・体験学習・授業参観等）　・図画工作の作品ができ上がるたびに
・学期の振り返りをするとき　　・クラブや委員会活動後

年間を通して繰り返すことを基本として、少しずつ指導も入れていきます。ほめ言葉の文をつくるときには、いくつかのパターンがあります。それらを時機を見ながら子どもたちに気づかせたり、教え込んだりしていきます。私のよく指導するパターンを紹介します。

①　事実のみ
Bさんは元気な声で挨拶していました。

②　事実＋価値
掃除時間のことです。Bさんの床の磨き方は、腰に力が入っていました。…（事実）
この教室を大事にする気持ちがよいと思います。…（価値）

③　事実＋予想＋価値
Bさんは、友達の発表が始まると、すっと相手に体を向けました。…（事実）
きっと、仲間から学ぼうという思いが強いのだと思います。…（予想）
Bさんの吸収力はクラス一です。…（価値）

このほかにも、会話文を入れたり、四字熟語（ことわざ）でほめたりするなどによって、さらに温かいほめ言葉の文になります。

会話文の入ったほめ言葉

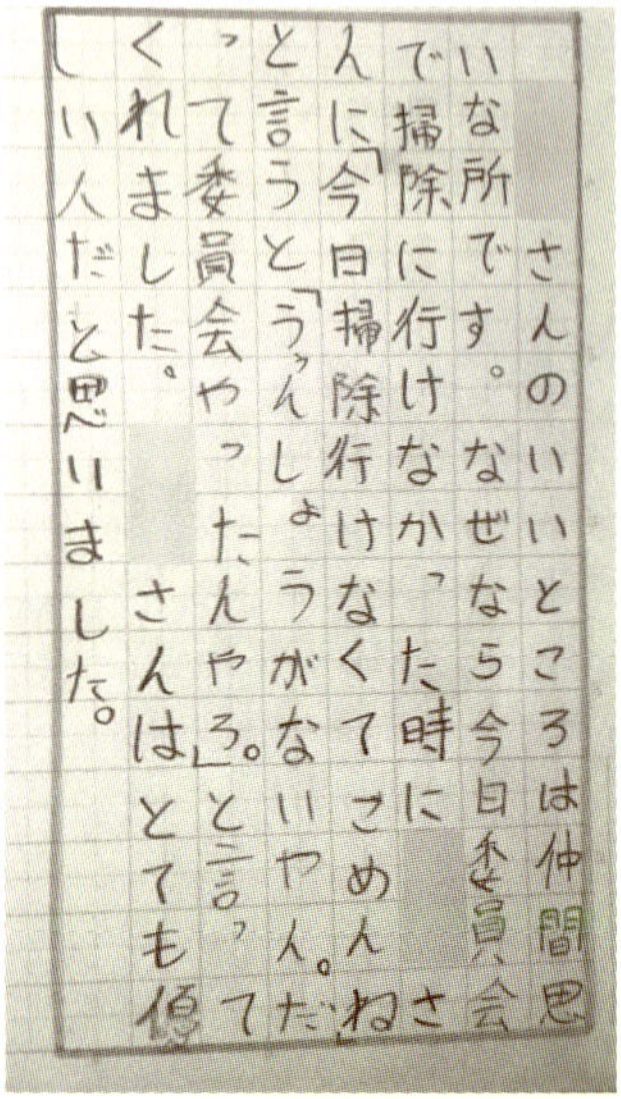

[redacted]さんのいいところは仲間思
いな所です。なぜなら今日委員会
で掃除に行けなかった時に[redacted]さ
んに「今日掃除行けなくてごめんね」
と言うと「うんしょうがないやん。だ
って委員会やったんやろ。」と言って
くれました。[redacted]さんはとても優
しい人だと思いました。

ことわざの入ったほめ言葉

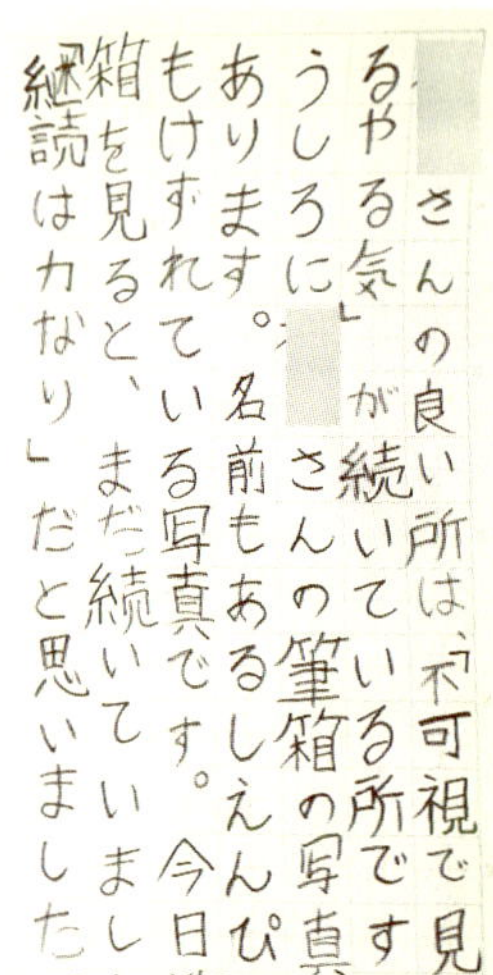

[redacted]さんの良い所は、「不可視で見え
るやる気」が続いている所です。
うしろに[redacted]さんの筆箱の写真が
あります。名前もあるしえんぴつ
もけずれている写真です。今日筆
箱を見ると、まだ続いていました。
「継続は力なり」だと思いました。

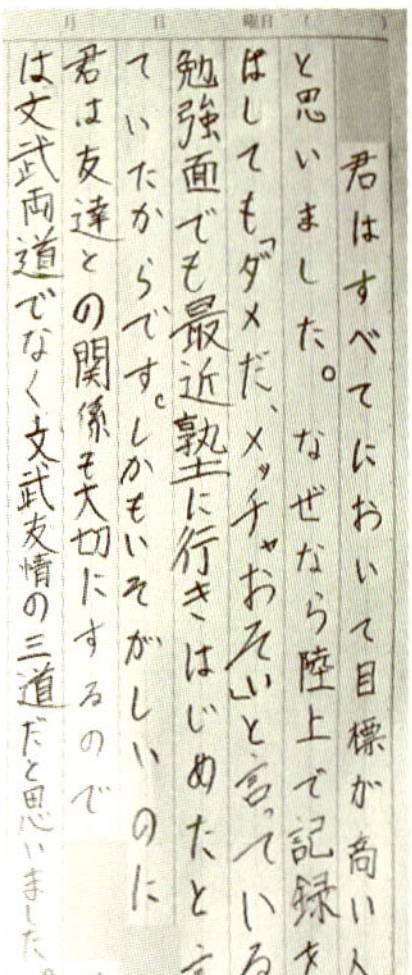

月 日 曜日（ ）
[redacted]君はすべてにおいて目標が高い人だ
と思いました。なぜなら陸上で記録を伸
ばしても「ダメだ、メッチャおそい」と言っているし
勉強面でも最近塾に行きはじめたと言
っていたからです。しかもいそがしいのに[redacted]
君は友達との関係も大切にするので[redacted]
は文武両道でなく文武友情の三道だと思いました。
[redacted]君

会話文が入ると、その場の雰囲気や思いが伝わるようになります。ことわざが入ると作文の深みが増します。

●指導後の子どもの変容

年間を通してほめ言葉作文を継続することで、子どもたちの関係性は大きく変わっていきます。それは、ほめ言葉作文を書き、伝えることを通して、相手を誹謗中傷することよりも友達のよいところに目が向くようになっていくからです。当然、子ども同士のトラブルは減ります。特に、女子間のトラブルは確実に減っていきます。それは、女性の方が言葉に対する感性が敏感であるからかもしれません。男子においても、友達との関係を遮断するような言葉ばかり使っていた子どもが、友達を元気にする言葉について考え続けることで、少しずつ自分の言葉づかいの過ちを修正するようになります。

私には忘れられない子どもの感想があります。それは、学級全員からのほめ言葉作文を伝えてもらった後の感想です。

・Aさんの感想

「私は、今日、みんなからこんなにほめてもらえるなんて思っていませんでした。今日のほめ言葉を聞いて、本当に四年一組でよかったと思いました。明日からは、私がみんなの喜ぶほめ言葉をつくっていきます」

この子はちょっとしたことでも心が折れてしまい、学校を休みがちな子どもでした。しかし、友達からほめられたり、一生懸命にほめたりする経験が積み重なることで、次第に学校を休むこともなくなり、一年後には、病欠以外の理由で欠席することはなくなりました。

・Bさんの感想

「たった十分程度の時間だったけど、こんなにうれしい十分間は初めてです。みなさん、ありがとうございました」

Bさんは、四月当初、つい、友達にきつい言い方をしてしまい、それが悪いことだと分かっていても、なかなか直せないことに悩んでいました。友達との関係もうまくいかないこともあってか、自信のない、落ち込んだ表情をよく目にしました。しかし、ほめ言葉作文を通して、一年後には、学級で最も優しく友達に接する子どもに変わっていきました。私がどんなに声かけをしても落ち着かない子ども(C君)がいましたが、C君は、なぜか、Bさんが隣の席になると、みるみる安心した顔になり、学習に集中できるのです。Bさんは学習中、何度も「大丈夫?今ここしているんだよ」「分かる?ほらこうしたら…」と自分だけでなく、C君と一緒に進めようとしていたのです。Bさんは、ほめ言葉作文を通して、友達への接し方を変えていきました。それが、周りの友達との良好な関係へとつながりました。結果、Bさん自身が、友達からたくさんほめられるようになり、自分に自信をもつようになったのです。二人のような感想は、学級担任にとって最高のほめ言葉です。

「人は言葉によって考え、判断し、行動する」

菊池先生から教わった言葉です。子どもたちに、相手との関係をつなぐほめ言葉を考えさせ続けることは、相手の対場に立って考えるということになります。このような考え方が育つことで、子どもの行為自体が変わります。そして、子ども同士の関係性がつくられ、それが自信や安心となっていくと考えています。

最後に、年間を通して成長してきた子どもたちのほめ言葉作文をいくつか紹介します。

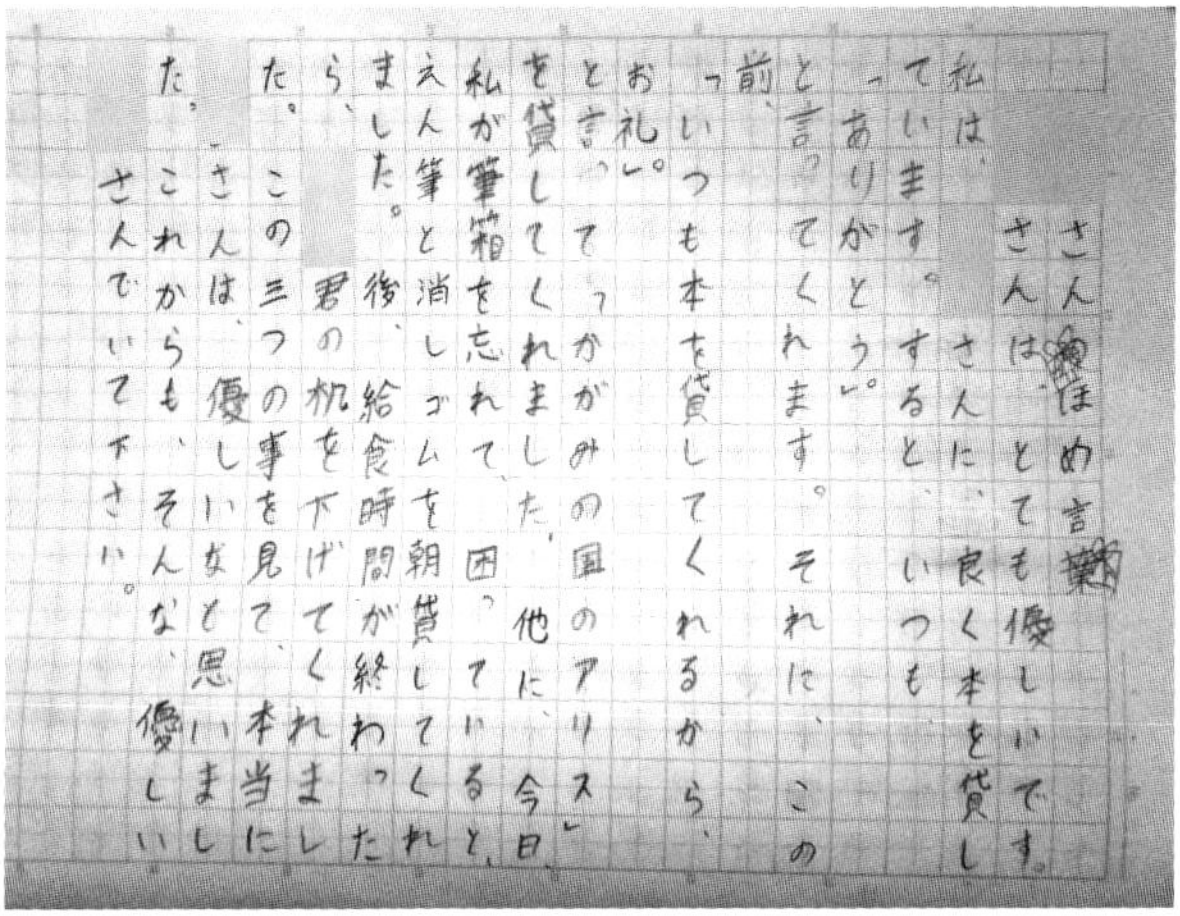
さんのほめ言葉
さんはとても優しいです。
私は、さんに、良く本を貸しています。すると、いつも、「ありがとう。」と言ってくれます。それに、この前、「いつも本を貸してくれるから、お礼。」と言って「かがみの国のアリス」を貸してくれました。他に、今日、私が筆箱を忘れて、困っていると、えん筆と消しゴムを朝貸してくれました。後、給食時間が終わったら、君の机を下げてくれました。この三つの事を見て、本当にさんは、優しいなと思いました。これからも、そんな優しいさんでいて下さい。

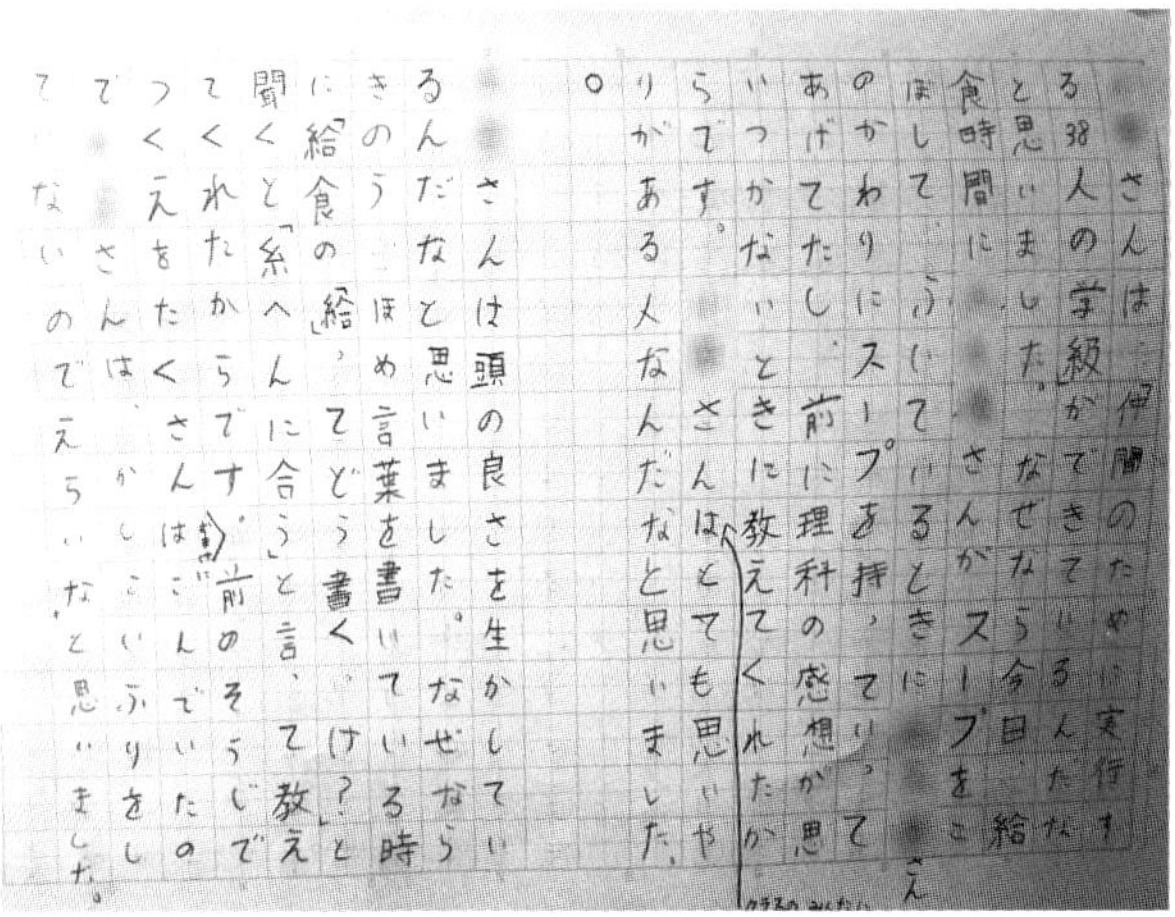
さんは、仲間のために実行するる38人の学級ができているんだなと思いました。なぜなら今日、給食時間にさんがスープをこぼしてふいているときにさんのかわりにスープを持ってりってあげてたし、前に理科の感想が思いつかないときに教えてくれたからです。さんはとても思いやりがある人なんだなと思いました。

さんは頭の良さを生かしているんだなと思いました。なぜならきのう、ほめ言葉を書いている時に「給食の「給」ってどう書くっけ？」と聞くと「糸へんに合う」と言って教えてくれたからです。前のそうじでつくえをたくさんはこんでいたので、さんは、かしこいふりをしてないのでえらいなと思いました。

このような温かいほめ言葉を言われて関係がよくならないことなどありえません。

●友達とのかかわりを大切にするその他の実践

①　会話型作文

三十秒の会話を作文で表し、最後に感想の文をつけ加えるというものです。指導のポイントは、間を開けずに質問していくことです。最初に、モデルを示すと子どもたちも見通しがもてます。慣れないうちは、時間を延ばしてあげることも必要になってきます。

また、質問も答えも短い方が覚えやすいです。ズバッと一言で言う質問や答えを心がけるように注意させておきましょう。

活動の流れ
①　ペアを作る
②　質問する側と答える側に分かれる
③　「今年の夏休み何したい？」の質問で会話スタート
④　答えに対して連続質問する
⑤　30秒後、質問する側と答える側を交代する
⑥　③〜④をする
⑦　会話を思い出しながら書き出し、最後に感想の一言を加える

上記のテーマだと次のような作文になります。

質：今年の夏休み何したい？
答：水族館に行きたい！

質：行って何したいの？
答：海の中がどういうふうになってるか見たい。
質：あぁ、魚の図鑑を読んでいたよね。
答：そうそう、いろんな色の魚がいるんだよ。
質：魚のことはよくわからないけど、ペンギンはかわいいよね。
答：そうだね、それと、グッズも買いたいな。
質：何を買いたいの？
答：アカシュモクザメのフィギュアがほしいな。
質：アカシュモクザメ？何？サメの仲間かな？
（一言感想）
○○さんは、魚の名前を覚えることがとても得意だということがわかりました。後で聞いたことだけど、今年の夏休みは行くことができないみたいです。来年は、行けるといいなと思いました。

こうして書かれたものをお互いに読み合うことで、二人の会話の面白さに気づき和やかな時間を過ごすことができます。会話の盛り上がるテーマをいくつか紹介します。

①好きなものシリーズ（好きな○○○は？）

マンガ・TV・芸能人・場所・時間・色・曜日・季節・遊び・ゲーム・お店・食べ物

②空想シリーズ

・タイムスリップするとしたら、何年前?何年後?　・無人島で一週間一人で過ごします。（水と食料はある）三つだけ持っていけます。何を持っていきたいですか?　・一度は会って話してみたい人は誰?　・誰かと入れ替われるとしたら、誰と入れ替わりたい?　・死ぬまでに一度は行きたい場所　・やってみたいこと　・やってみたい習いごと

③その他

・土日は何してた?　・あなたの家の人はどんな人?　・今日何食べたい?

会話作文の経験を通して、作文を書かせるときの「会話が入ると、気持ちがよく伝わるね」という教師の一言がすんなりと受け入れられるようになります。

5. 未来を見つめさせる

(1) ねらい〜自分の成長を実感させる〜

大きな行事が終わったあとなど、よく子どもたちが浮足立った雰囲気になるということを聞きます。クラスでのトラブルが増えたり、今まで当たり前にできていたことができなかったりということがあるようです。

そのようなことの背景には、子どもたちが行事を通しての自分自身の成長を実感できていないことが原因の一つとしてあげられるのではないかと考えます。自分やクラスの友達の成長を実感できていないのだから、これまでの成長を生かし、今後も頑張っていこうというような気持ちにはなれないのでしょう。

子どもたちが集中して一つのことに取り組んでいるときはよいのかもしれません。しかし、一息ついたとき、子どもたちが「振り返ってみると○○が成長したなぁ」「よし、△△を頑張ったんだから、これからも続けていこう」など、様々な取り組みを通しての自分の成長を実感することで成就感や満足感を得たり、これからの成長に対しての意欲をもったりすることができるようにしたいものです。

そこで、一年間の節目となるときには、一度しっかりと立ち止まって今までの自分を振り返る機会をもつようにしてみましょう。

その際に有効なのが、作文を書くということです。

今までの取り組みを振り返って作文を書くことで、頑張ったことやこれから頑張っていきたいことなどについてじっくりと考えをめぐらすことができます。そして、きっと子どもたちは自分やクラスの友達の成長に気づき、改めて実感することができるはずです。このような確かな振り返りこそが、子どもを、人間を育てるために大変重要なことなのです。

また、振り返って書いた作文を子ども同士で交流し合うことで、お互いに未来へ向けての成長へとつながるはずです。

日々の慌ただしさに流されることなく、きちんと一度立ち止まって、今までの子どもたちの学びや成長を書いて振り返る作文にぜひ取り組んでみてください。きっと、子どもたちの、未来に向かってのさらなる成長へとつながるはずです。

(2) 指導の実際例

① 「成長新聞」

六年生を担任したとき、卒業が目の前にせまってくると少し子どもたちが落ち着かなくなるということがありました。中学校進学への期待と不安からなのでしょう。

このようなときこそ、この一年間の自分の成長を振り返り、未来に向かってもっと成長していこうという気持ちをもたせたいものです。そこで、子どもたちに「成長新聞」を書かせるようにしました。「成長新聞」とは、自分や友達の成長したところに注目して、一年間の節目となる時期(一、二学期の終業式前や三学期の修了式、卒業式前等)にその成長を新聞にまとめるというものです。

六年生になってどのようなできごとがあったのかを全体で振り返ってみました。

子どもたちからは、実に多くの一年間の思い出が出てきました。入学式でかわいい一年生のお世話をしたこと、運動会で全力をつくした組体操のこと、修学旅行で友達と語り明かしたこと、学習発表会で協力してつくり上げた劇のこと・・・。一つ一つを板書しながら、子どもたちと一緒に振り返っていきました。

子どもたちは、一年間のできごとが書かれた黒板を見ながら思い出を懐かしみ、グループの友達と「組体操のとき、技ができなくて大変だったよね。ずっと残って練習して・・・」「覚えてる？修学旅行のホテルで・・・」などの話を楽しそうにしていました。

一年間のできごとがあらかた黒板に出たところで、子どもたちへ次のような話をしました。「もうすぐ卒業ですね。この一年間で本当にたくさんのできごとがありました。そして、このできごとを通して全員がたくさんの成長を遂げることができましたね。そこで、その成長を振り返りながら『成長新聞』に書いていきましょう。今までの自分の成長を振り返ってみることで、今の自分の心の中がよく分かるはずです。二度とない自分の成長を振り返り、しっかりと書き留めるためにも、この一年間の『成長新聞』を書いていきましょう」

子どもたちは、成長新聞を一、二学期の終業式の前にも書いていました。そこで、六年生の三学期ということもあり、一年間を振り返っての成長新聞に挑戦してみることにしました。子どもたちからは、「なんだかおもしろそう」「やってみよう」というような声が聞かれました。

まず、一年間のできごとの中から自分が大きく成長したと思うできごとをいくつか選び、振り返りながらなるべく詳しくメモしていくようにしました。「何があったか」「なぜ成長新聞に載せようと思ったか」「どのようなところが成長したと思うか」等をメモしていくように伝えると同時に、一枚の新聞にまとめるので載せる記事は三～四個程度であることを確認しました。

また、一学期、二学期の終業式前に書いた自分の「成長新聞」を参考にさせるようにしました。

すると、次のような質問が出てきました。

「一学期に運動会のことを成長新聞に書いているけど、同じ運動会のことを書いてもいいんですか」

「もちろん、よいです。しかし、一学期のときの運動会に対する見方や考え方と、今の運動会に対する見方や考え方はちがうはずですよね。あなた自身、この一年間で成長してきているはずですから・・・。だから、運動会のことを書くにしても、まったく同じものにはならないはずです」

大変重要なところだと感じたので、もう少し詳しく説明しました。

「この『成長新聞』は、あくまで自分の成長を振り返って書くものですよね。それが単なる一年間の行事の紹介にならないようにしてください。現在の自分の成長を見つめて、過去を振り返り、そして未来に向けての自分の成長につながるような『成長新聞』であってほしいなと思います。これって、とっても大切なことなんだけど・・・伝わるかな」

子どもたちを見ながら、真剣に説明しました。多くの子どもたちがうなずいて聞いていました。

その後、子どもたちは、どのような自分の成長を「成長新聞」に書くのかを早速考え始めました。一人で黙々とメモを書いている子ども、友達と話をしながら書いている子ども等、メモを増やしていく過程はちがえど、すべての子どもが真剣に一年間の自分の成長を振り返っているようでした。

中には、なかなかメモが進まない子どももいました。そこで、友達や教師と話をしたり、成長ノートを読み直したりしながら自分の成長したことを振り返り、少しずつメモを増やしていきました。

「そうそう、お楽しみ会。みんなでまとまって頑張ったよね」

「やっぱり一年間続けているほめ言葉のシャワーのことを載せたいな」

などのつぶやきが子どもたちから聞かれるようになりました。

子どもたちは、一年間という長い期間で実に多くの成長を遂げているはずです。その中から「成長新聞」に載せるものを選ぶことにより、自分自身の成長を見つめ直しているように感じました。

ほとんどの子どもが書くことのメモがたまってきたので、実際に「成長新聞」を書いていくことにしました。これまでに成長新聞づくりは何度か行ってきているということもあり、基本的な新聞のつくり方は簡単に確認する程度にしました。そして、最後に

「これから書く『成長新聞』は、今まで社会科などで書いてきた新聞と少しちがって、自分の成長を振り返って書いていきますよね。ぜひ、一年間の『自分の成長』を読み手に分かりやすく伝えようと意識しながら一つ一つの記事を書いていってくださいね。この一年間、君たちは実に多くの作文を書いてきました。その中でも、今回書く『成長新聞』が自分のいちばん納得できるものになるといいですね。今までの集大成です。頑張ってください」

ということを伝え、書かせていきました。

子どもたちは、自分のメモを見ながら書きたいことを決め、「成長新聞」を書き始めました。卒業間近ということもあり、子どもたちから「自分の成長を残そう」「今まででいちばんのものにしよう」というような思いが伝わってくるようでした。

でき上がった成長新聞は、どの子どもも自分自身の成長を振り返り、みっちり書いていました。また、早く書けた子は、何度も自分の書いた「成長新聞」を読み直しながら推敲を重ねていました。


全員が「成長新聞」を書き上げたあと、クラスのみんなで交流する時間を設けました。友達の「成長新聞」を読み、その感想を小さなメッセージカードに書いてプレゼントし合うようにしました。

笑顔で楽しそうに友達の書いた「成長新聞」を読み進めている子どもが多かったように感じます。中には、書いた友達と一緒に話をしながら読んでいる子ども、懐かしさともうすぐ卒業というさみしさから涙目になってしまう子どももいました。

もう「成長新聞」を書き始める前の少し落ち着かないような雰囲気ではなく、温かくも凛とした雰囲気の中で子どもたちは「成長新聞」を読み合い、メッセージカードを交換し合っていました。

卒業式の前日、全員分の『成長新聞』を印刷し、製本したものを子どもたちに配りました。子どもたちにとっての宝物になってくれればと思いました。

羽撃(はばた)け成長新聞

制作者

題名にした理由

羽撃け成長 にした理由は、三つあります。

まず一つ目は、成長です。先生がよく言う言葉を取り上げてかいてみました。この成長には、たくさんの意味と思いが入っています。もちろん一人一人成長は、違います。言葉も違いければ、成長の中に入っている思いと意味も違います。

私の成長の中に入っている思いは、親の思いが一番強いと思います。

その親の思いも入った私の成長は、大切にしたいと思っています。

二つ目は、羽撃けです。

私は、バスケット部に入っています。みんなで心を一つにしないとまとまらない部です。そんなクラブに入ってます。

コーチからいろいろ言われます。でもいつも親から言われる事が羽撃けです。

人生まだ長いので大きく羽撃けたらと思ってます。

三つ目は、羽撃け成長の思いです。この二つの中にとくに親の思いが強いです。題名をえらぶのに時間がかかりました。先生が良く言う成長と親が言う羽撃けをがったいさせるといいかなぁと思ってがったいをしました。

そして一番重要な題名が出来ました。かがやけ成長、羽撃け成長、一歩前に進んで行こうなど、たくさんでたなか羽撃け成長にしました。とにかく成長は、入れたかったんで成長に合う言葉を入れました。

六年最後で、あと半年もない日を大きく羽撃いて大きな成長のステップをふみたいと思います。

羽撃け、成長

ぐーん!!

年前　年後

今　昔

良くなろう。

公に強く

成長をするために、どうすればよいか？

1. 目を見て話す。
2. 人が話してる時は、聞く。
3. 思いやりを大切にする。
4. 堂々と話す。
5. お互いをほめ合う。
6. 男女関係なくする。
7. 集中力を高めていく。
8. 美しい姿勢でする。
9. 当たり前の事を当たり前にする。
10. 友達のノートをみて学ぶ。
11. 早表をつける。(姿勢を正す。)
12. 協力をし合いがんばる。
13. お互いの力で助け合う。
14. 何ごとにも一緒懸命する。
15. 過去を変える。(努力してがんばる。)
16. 心のバケツを満たそう。
17. 全員実行する。

まだたくさんあります。自分の中で何をすればよいかを考えて、毎日過ごそう。

成長曲線

A　B

心のバケツ

A　B　C

Aになるように!!

もうすぐ卒業

菊池学級とは・・・

菊池学級(6の1)は、学級が始まってすぐに、ほめ言葉のシャワーが始まりました。今まで、なかった事をしました。3回目をして、もう終わりそうです。一回目よりもいい言葉を言ってもらえるので自分が主人公の時は、楽しみでたまりません。ほめ言葉4回目が始まるの楽しみです。

成長ノートとは・・・

菊池学級で初めて成長ノートを書きました。成長ノートは、思ったことを言えるノートです。よく言えば先生との交換ノート??的なものです。六年生活が始まって今がだいたい2冊、3冊目くらいです。自分が書いた事で先生からの返事をたのしみにする時があります。成長ノートというくらいだから、成長できる場では、と考えています。これからも成長ノートを大切に使いたいと思ってます。

ほめ言葉成長ノート。

〇月〇日

ほめ言葉カレンダー

・菊池学級の子どもたちが書いた成長新聞例

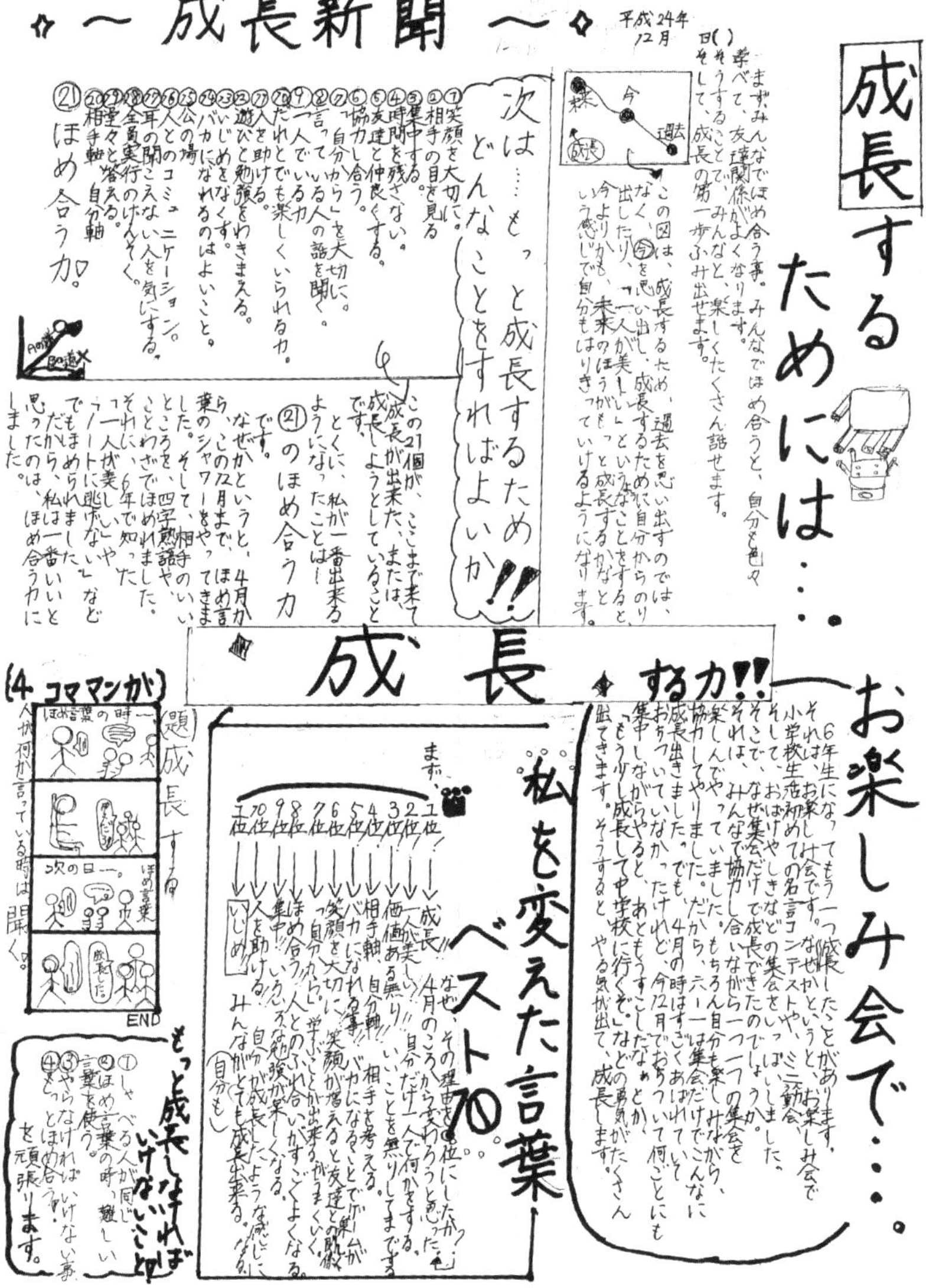

～成長新聞～

平成24年
12月　日（　）

成長するためには…

まず、みんなでほめ合う事。みんなでほめ合うと、自分を色々学べて、友達関係がよくなります。そうすることで、みんなと、楽しくたくさん話せます。そして、成長の第一歩ふみ出せます。

この図は、成長するため、過去を思い出すのでは、なく、今を思い出し、成長するために自分からのり出したり、「一人が美しい」というようなことをすると、今よりかも、未来のほうがもっと成長するかなという感じで自分もはりきっていけるようになります。

次は…もっと成長するためどんなことをすればよいか!!

①笑顔を大切に。
②相手の目を見る
③集中する。
④時間を残さない。
⑤友達と仲良くする。
⑥協力し合う。
⑦「言って自分から」を大切に。
⑧一人でいる人の話を聞く。
⑨だれとでも楽しくいられる力。
⑳人を助ける。
㉑遊びと勉強をわきまえる。
㉒いじめをなくす。
㉓バカになれるのはよいこと。
㉔公の場
㉕人とのコミュニケーション。
㉖耳の聞こえない人を気にする。
㉗全員実行のけんそく。
㉘堂々と答える。
㉙相手軸　自分軸
㉑ほめ合う力。

この21個が、ここまで来て成長が出来た、または、成長しようとしていることです。

とくに、私が一番出来るようになったことは、㉑のほめ合う力です。

なぜかというと、4月から、この12月まで、ほめ言葉のシャワーをやってきました。そして、相手のいいところを、四字熟語や、ことわざでほめれました。それに、6年で知った「一人が美しい」や「ノートに逃げない」などでもほめられました。だから、私は一番いいと思ったのは、ほめ合う力にしました。

成長　するカ!!

お楽しみ会で…。

6年生になってもう一つ成長したことがあります。それは、お楽しみ会です。なぜかというと、お楽しみ会で小学校生活初めての名言コンテストや、ミニ運動会、そして、おばけやしきなどの集会をいっぱいしました。そこで、なぜ集会だけで成長できたのでしょうか。それは、みんなで協力し合いながら一つ一つの集会を楽しんでやっていました。だから、もちろん自分も楽しみながら、協力してやりました。六－一は集会だけでこんなに成長出きました。でも、4月の時はすごくあばれていておちついていなかったけれど、今12月でおちついて何ごとにも集中しながらやると、あともうすこしだなぁとか、「もう少し成長して中学校に行くぞ。」などの勇気がたくさん出てきます。そうすると、やる気が出て、成長します。

私を変えた言葉ベスト10。

まず、

1位　成長!!
2位　一人が美しい!!
3位　価値ある無理!!
4位　相手軸、自分軸!!
5位　バカになれる事!!
6位　笑顔を大切に。
7位　「自分から」
8位　ほめ合う!!
9位　集中!!
10位　人を助ける!!
11位　いじめ!!

なぜ、その理由を1位にしたかっていうと、4月のころから変わろうと思った。自分だけ一人で何かをする。いいことを無理してまでする。相手を考える。バカになることで学級が…。笑顔が増えると友達との関係もうまくいく。学ぶことが出来る。人とのふれ合いがすごくよくなる。いろんな勉強が楽しくなる。自分が成長したような感じになる。みんながとても成長出来る。（自分も）

4コママンガ

（題）成長する

人が何か言っている時は聞く。

もっと成長しなければいけないこと!!

①しゃべる人が同じ
②ほめ言葉の時、難しい言葉を使う。
③やらなければいけない事
④もっとほめ合う事!

を頑張ります。

六の一成長記録新聞

(-ω-)zzZ

一年間の、成長記録

もう二学期も終わり、私達の小学校生活も終わろうとしています。いままでにたくさんの先生や仲間に出会ってきました。菊池先生もその中の一人です。先生は私達にこの一年間色々な事を教え、非日常という26のチャンスをあたえてくれました。

4/6 6の1誕生♪。始業式
4/6 教室参観、NHK川原さん
4/6〜 NHK撮影開始
第一回授業参観
5/27 最後の運動会
6/1 NHK撮影終了
6/7,8 宮城県から上條先生教室参観
6/14 第二回授業参観
6/20 中学校先生たちの授業参観
6/27 研究授業
7/16 NHK全国放送 プロフェッショナル
7/20 一学期終業式
9/3 二学期スタート♪。
新しい友達、渡邉空君!
9/12 ニュースZERO。教室参観
9/17 ニュースZERO全国放送
10/1 山なし県からお客様 羽田先生
10/5 羽田先生お別れ会
10/13 学習発表会
10/16 陸上記録会
10/24 こころの劇場
10/31 11/1 修学旅行
11/7 第三回授業参観
11/9 博多から中学の先生授業参観
11/13 理科研究授業
11/21 研究授業
12/21 二学期終了式

バレー バスケ 野球 サッカー

『一期一会』

6の1最高!!

悩

上のすべてが、私達がもらった、「チャンス」と言う宝物だと、私は思っています。

今、これを読んでいるあなたは悩み事がありますか? 私にはあります。相談できる仲間もいます。

私は、六年生になって、悩めるようになりました。積極的になったとか、考えるようになったとか、そんな事じゃなく単に本当に信頼できる仲間ができたからだと思います。積極的になったとかの方が成長したように聞こえるけど、自分にとっては大きな成長じゃないのかと思います。

☆☆☆☆☆☆☆☆☆☆☆☆☆☆☆

成長するために何をするか

1. 迫力姿勢
2. 一人が美しい
3. 出席者× 参加者○
4. ノートににげない
5. 学習規律
6. 正対する
7. 目を見て話す
8. 私ではなく公に強く
9. 未来に生きる
10. 決めたら実行
11. あたたかい話し合い
12. 他山の石
13. 自己外責任× 自己内責任○
14. 男女関係なく
15. 努力する
16. 集中力
17. 「まあ、いいか」と言える
18. 細部にこだわる
19. 感謝する
20. 「たかが〜」→「されど〜」

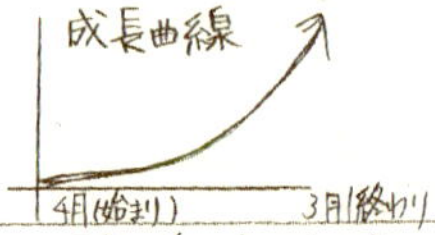

家でも使える!!

叱られ方
①受容
②反省
③謝罪
④改善
⑤感謝

質問する時
㋖っかけ
㋗ろう
㋙つ
㋵ろこび
㋧がい

ほめられた時、
ほめかえす
感謝する
会釈する
笑顔!!

わすれないようにしよう!!

六年一組とは、

1. 笑顔があふれるクラス
2. 青春
3. 唯一無二のクラス
4. いじめゼロ
5. 笑顔が似合うクラス
6. 「ありがとう」が言えるクラス
7. (ラッキー7)『仲間、相手軸』

『後悔先にたたず!!』

「本当にこのクラスで良かった!」と思える一年間でした

制作者。和田妃来麗

パラッパラッパ チャラチャラリ♪

②「AかBか作文」

後日、一年間の成長を振り返った「成長新聞」を書き上げたあと、卒業に向け、さらなる成長への決意を作文に書くようにしました。

子どもたちに、

「卒業式まで、残り十日となりました。いよいよ小学校生活も終わりです。みなさん、卒業式が終わったあと、この小学校を巣立つとき、どのようなことを言われたいですか」

ということを問い、続けて次のように黒板に書いて聞きました。

「どちらがよいですか。よいと思う方に手を挙げてください」

> 卒業式が終わったあとに言われたいことは？
>
> A「たくさん成長できましたね」「次もがんばってね」
>
> B「あまり変わってないね」「次はがんばってね」

もちろん全員が、Aの方に手を挙げました。どの子どもも真剣な表情でした。

「全員がAを選びましたね。さすがです」

続けて言いました。

「君たちは、今までたくさんの成長をしてきました。この前書いた『成長新聞』でも、そのことを実感できたのではないでしょうか。そして、残り十日です。この十日間の過ごし方でAかBかが本当に決まると先生は思います。今までの成長にあぐらをかくことなく、さらに自分を高めていってほしいと願っています」

この後、「卒業までの十日間をどのように過ごすか」というテーマで作文を書いていきました。子ども一人ひとりが、卒業までのわずかな間に自分の成長させたいことを作文に書くことができました。そして、書き上げたものを教室に掲示し、いつでも振り返って読めるようにしました。

> 卒業までの十日間をどのように過ごすかについて書きます。
> それは、公に強くなるということです。ぼくたちは、あと十日で小学校を卒業します。そして中学生になります。中学校では、知らない友達や先生など新しい出会いがあると思います。つまり、今までよりもさらに公の世界に近づくということです。この時に「公に強くなる」という気持ちをもっておけば、きっとこの出会いはとてもよいものとなると思います。逆に、公の意識をもってないと「恥ずかしい」「仲良くなれない」などということを思って、よい出会いができないかもしれません。だから、今のうちから中学校のことを少し意識して、普段から公を意識し・・・

(3) 育つ子どもの変容

卒業前に一年間を振り返っての「成長新聞」をつくりました。そして、さらなる成長の決意を作文にまとめました。

このような取り組み後、浮足立って少し落ち着かなかった様子の子どもたちが変わっていきました。少しずつ落ち着きを取り戻し、卒業に向けてなにごとにも前向きに取り組んでいけるようになっていきました。

もちろん、卒業式は本当にすばらしいものとなりました。そして、子どもたちは、卒業式後に多くの保護者の方や先生方から「たくさん成長しましたね」「立派だったよ」「次もがんばって」などの言葉をいただくことができました。

一年間という長い期間、子どもたちは実にさまざまな成長を遂げます。しかし、そのような多くの成長を子ども自身が実感としてとらえ、本当に自覚することができているかというと疑問が残ります。

例えば運動会や学習発表会などの大きな行事が終わったあと、子どもたちに行事に向けての取り組みについて感想文を書かせるということがあると思います。そのとき、子どもたちの書いた感想文を見てみると「○○が楽しかった」「△△を頑張った」「□□ができなかったので、次は頑張りたい」というような文章が多いのではないでしょうか。確かに子どもたちはこれまでの取り組みについて振り返っているように見えます。しかし、その振り返る視点が曖昧になっているように感じます。これでは、真剣に自分を見つめ直したり、今後に役立てていったりしようという気持ちはもちにくいでしょう。

それに対して「成長新聞」は、「自分自身やクラスみんなの成長」という確かな視点で、今までの取り組みを振り返っていきます。そのため、自分の成長をしっかりと見つめ直し、自覚したり実感としてとらえたりすることができるのです。

また、「成長新聞」という作文を書く活動は、自分を振り返る上で大変有効であると考えます。なぜなら、書くことでしっかりと自分自身を振り返ることができると共に、文章に残し読み直すことによって深く自覚したり実感したりすることができるからです。

このような確かな振り返りがあるからこそ、子どもたちは自分自身の成長を実感し、さらに未来に向かって成長し続けていこうという気持ちをもたせることができるように思います。

このように

① まず、ＡかＢかの大局を示して成長に向かう決意の作文を書く
② 自分やクラスのみんなの成長を意識しながら、実際に取り組む
③ 「成長新聞」を書き、自分やクラスのみんなの成長を振り返る

※ 年間を通して、①→②→③を繰り返す

というサイクルで取り組んでいくことにより、次第に子どもたちの取り組みが自律的、自立的になっていきます。このような力は、将来、子どもたちが広い社会で活躍するためには大変重要となるはずです。

このようなサイクルで作文の指導に取り組む際には、教師は、子どもたちを認めてほめることを必ず意識しながら行うようにしましょう。そのような教師の「ほめる」という行為は、子どもたちの成長を加速させていくはずです。

目の前の子どもたちの姿に一喜一憂しすぎるのではなく、年間を通し継続的・計画的に根気強く取り組んでいくよう心がけてみてください。

卒業式から何日か過ぎたある日。何人かの卒業生が訪ねてきました。少し話をした後、帰ろうとした子どもたちはなんとぞうきんやほうきを持って掃除を始めたのです。思わず

「なんで・・・掃除なんかしてるの？」

と聞くと

「自分を成長させてくれた学校なのだから当たり前です」

と言いました。

小学校を卒業しても、子どもたちの人生はまだまだ続きます。だからこそ、一人ひとりが自分の成長をしっかりと実感して、自律的、自立的な人間に成長していくということは大変重要です。

自分から、お世話になった学校の掃除をするという行為は、まさに自律、自立した子どもの姿ではないでしょうか。このようなことがすすんでできるということが、本当にすばらしいと思いました。

第六章　自分らしさを育て合う「私の本」

菊池省三

1．「私の本」とは

菊池道場では、作文指導のゴールは、「私の本」を書かせることであると考えています。「私の本」とは、簡単に言うと、「自分だけの作文ノート」です。自分だけのオリジナルのノートをつくらせるということです。

四月からの「成長ノート」を核として、継続的に行ってきた作文指導が、軌道に乗ってきた二学期の中盤あたりからの取り組みです。

子どもたちが、自分の思いや感情や意見を書くことの楽しさ、相手からのそれらを読んだり聞いたりする楽しさが分かり始めたと判断したときに、新しく一冊のノートを渡します。

「このノートは、あなたたちが自由に使っていいノートです。『成長ノート』は、先生が書くテーマを決めていました。このノートは違います。あなたたち一人ひとりが書く内容を決めて、自分だけのノートにしていくのです。世界の中で、ぼく、私だけのノートにするのです。一冊の本にするのです。ですから、『私の本』というタイトルにしましょう」

このように話して、作者としての名前を表紙に書かせてスタートさせます。もちろん、「何を書いたらいいのだろう」といった不安そうな顔をした子どもたちも多くいます。そこで、次のようなやり取りを行います。大まかなルールを決めることになるやり取りです。

『何か質問はありませんか？』

「日記でもいいのですか？」

『はい。それでもかまいません』

「自由帳ということですか？」

『はい。そう考えてもかまいません』

「例えば、マンガとか描いてもいいのですか？」

『はい。それもいいですね』

「毎日、先生に出すのですか？」

『できるだけそうしてください』

「一日何ページぐらい書くのですか？」

『特に決めません。自由です』

　質問がなくなったあとに、次のように話します。

「自分で書く内容や量を決めてかまいません。

作家になったつもりで書いてほしいのです。

先生は、このノートが素敵な本になることを願っています」

次の日から、子どもたちなりに書いた「私の本」が提出されます。

その多くは、日記的な内容です。中には、漢字や計算練習をしてくるだけの子どももいます。どのような内容でもすべてＯＫとします。赤ペンでほめ言葉を入れて返します。それを数日繰り返します。

一週間も経つと、必ず次のような子どもが出てきます。それをすかさずほめて全員に紹介します。

例えば、日記の中に、世の中のニュースやできごとを書いてくる子どもがいます。「社会派」と名づけて紹介するのです。

例えば、日記の中に、自分の悩みや失敗の反省を書いてくる子どもがいます。「自問自答派」と名づけて紹介するのです。

例えば、文章の中にイラストを描いている子どもが出てきます。「イラスト派」と名づけて紹介するのです。

例えば、その日の学習内容を少し掘り下げて調べてくる子どもがいます。「学習発展派」と名づけて紹介するのです。

一か月も続けると、子どもたちの書く内容が、少しずつですが、確実に変わってきます。自分の得意分野で書いてくるようになるのです。「私の本」というタイトルの意味が分かってくるのです。自分らしさがそこにも出てくるのです。

2. 「私の本」の実際

私の学級(菊池学級)の「私の本」の実際を紹介します。

まず、日記的な内容から、少しずつ変化している様子を子どもの実際の作品で紹介していきます。主に平成二二年度に担任した六年生のものです。

前年度までのこの学級は、お互いに人間関係を築くことができなくて、完全な学級崩壊状態でした。教師への反抗、級友間のいじめ、学習からの逃避などが横行していた学級でした。その子どもたちが、少しずつ本来の自分を取り戻し、安心感のある学級の中で成長していった様子が分かるのではないかと思います。

① 学習発展派

次のページの写真は、学習発展派の「私の本」です。

道徳の授業の発展です。「心のおしゃれ」について考えさせた授業でした。これを書いた女の子は、可視のおしゃれに強い興味を持っていました。学校のきまりを破って化粧品などを持ってくるような六年生でした。

これを書いた半年後には、一般性を身につけた子どもらしい笑顔で卒業していきました。

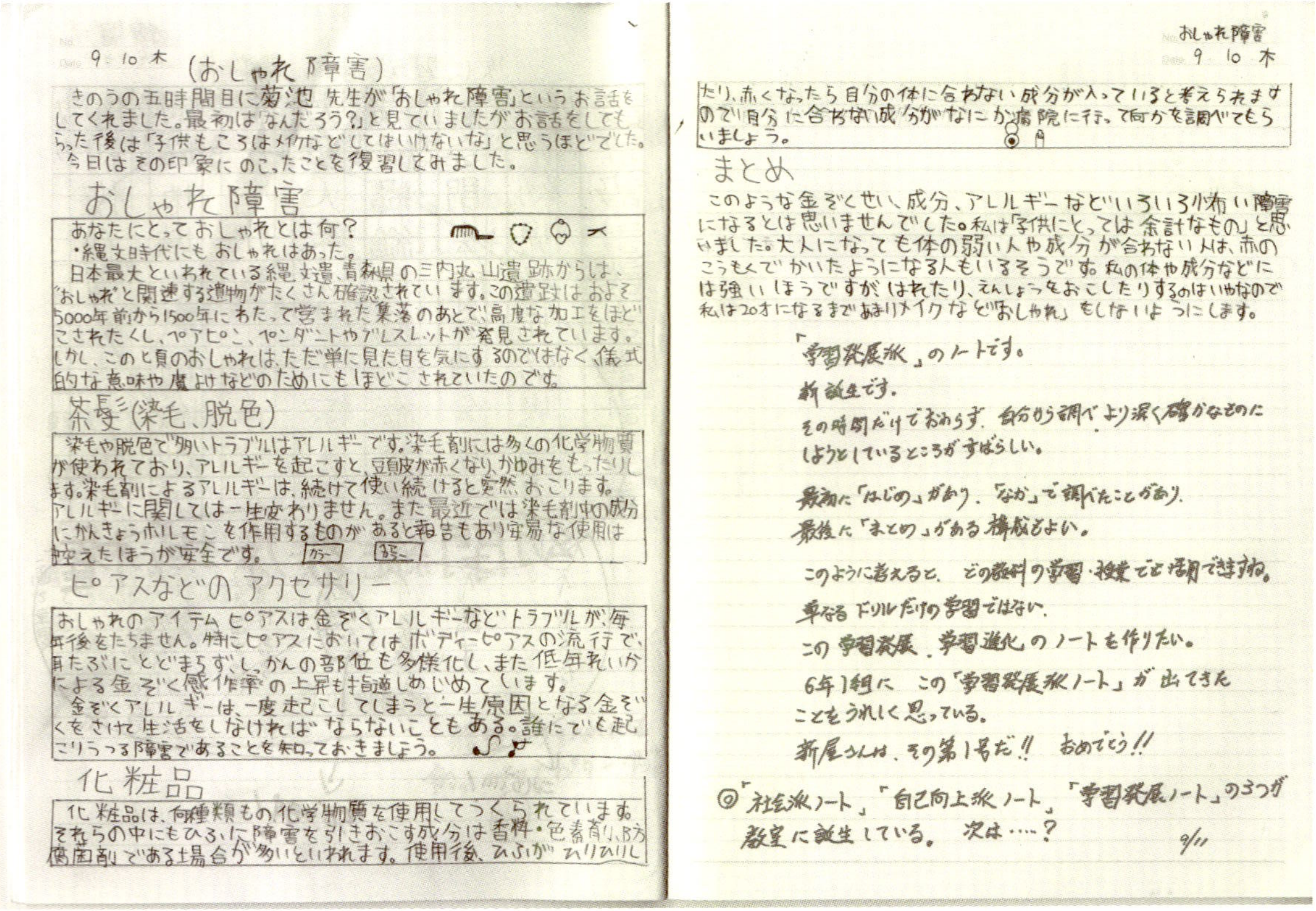

9 10 木　（おしゃれ障害）

きのうの五時間目に菊池先生が「おしゃれ障害」というお話をしてくれました。最初は「なんだろう？」と見ていましたがお話をしてもらった後は「子供もころはメイクなどしてはいけないな」と思うほどでした。今日はその印象にのこったことを復習してみました。

おしゃれ障害

あなたにとっておしゃれとは何？
・縄文時代にもおしゃれはあった。
日本最大といわれている縄文遺、青森県の三内丸山遺跡からは、"おしゃれ"と関連する遺物がたくさん確認されています。この遺跡はおよそ5000年前から1500年にわたって営まれた集落のあとで、高度な加工をほどこされたくし、ペアピこ、ペンダントやブレスレットが発見されています。しかし、この頃のおしゃれは、ただ単に見た目を気にするのではなく、儀式的な意味や魔よけなどのためにもほどこされていたのです。

茶髪（染毛、脱色）

染毛や脱色で多いトラブルはアレルギーです。染毛剤には多くの化学物質が使われており、アレルギーを起こすと、頭皮が赤くなり、かゆみをもったりします。染毛剤によるアレルギーは、続けて使い続けると突然おこります。アレルギーに関しては一生変わりません。また最近では染毛剤中の成分にかんきょうホルモンを作用するものがあると報告もあり安易な使用は控えたほうが安全です。

ピアスなどのアクセサリー

おしゃれのアイテム ピアスは金ぞくアレルギーなどトラブルが毎年後をたちません。特にピアスにおいてはボディーピアスの流行で、耳たぶにとどまらず、しんかんの部位も多様化し、また低年れいかによる金ぞく感作率の上昇も指適しめじめています。
金ぞくアレルギーは、一度起こしてしまうと一生原因となる金ぞくをさけて生活をしなければならないこともある。誰にでも起こりうつる障害であることを知っておきましょう。

化粧品

化粧品は、何種類もの化学物質を使用してつくられています。それらの中にもひふに障害を引きおこす成分は香料・色素剤、防腐剤である場合が多いといわれます。使用後、ひふがひりひりし

おしゃれ障害
9 10 木

たり、赤くなったら自分の体に合わない成分が入っていると考えられますので自分に合わない成分がなにか病院に行って何かを調べてもらいましょう。

まとめ

このような金ぞくせい、成分、アレルギーなどいろいろ怖い障害になるとは思いませんでした。私は「子供にとっては余計なもの」と思いました。大人になっても体の弱い人や成分が合わない人は、赤のこうもくでかいたようになる人もいるそうです。私の体や成分などには強いほうですが、はれたり、えんしょうをおこしたりするのはいやなので私は20才になるまであまりメイクなど"おしゃれ"もしないようにします。


「学習発展ノート」のノートです。

新誕生です。

その時間だけでおわらず、自分から調べ、より深く確かなものにしようとしているところがすばらしい。

最初に「はじめ」があり、「なか」で調べたことがあり、最後に「まとめ」がある構成もよい。

このように考えると、どの教科の学習・授業でも活用できますね。

単なるドリルだけの学習ではない。

この学習発展、学習進化のノートを作りたい。

6年1組に この「学習発展ノート」が出てきたことをうれしく思っている。

新屋さんは、その第1号だ!! おめでとう!!

◎「社会ノート」「自己向上ノート」「学習発展ノート」の3つが教室に誕生している。次は……？
9/11

② 資料分析派

次のページは、資料分析派の「私の本」です。

私が定期的に発行していた学習通信「通じ合い」のプリントを、自分なりに分析しようとしている内容です。

これを書いた女の子は、真面目な子どもでした。前年度、崩壊していた学級にいながらも、その状態にじっと耐えていたそうです。それだけに、よりよい生活を目指したいという思いが強かったのでしょう。教室が安定してくるにつれて、少しずつ積極的に自分を表に出せるようになってきました。

学級で取り組んでいた「ほめ言葉のシャワー」を、もっと充実させたいという思いが伝わってくる内容です。「人を選ばない」「群れない」などといった『価値語』を毎日の生活の中で意識していることもよく分かります。誠実な彼女の性格が伝わってくる内容です。

二学期の終わりに、

「私は、自分のできることを全力でやりたいと思っています。私は、『私の本』で、菊池先生の書いたものや学校で配られたものを分析してきました。書くことで、その中身がより自分のものになると思ったからです。自分のできることをもっと増やして成長するために必要だと思ったからです」

と書いていました。自分の居場所と目標を手にしたのだろうと思います。

10月7日

通じ合い

2学期10月2週目　「発言せよ！群れるな！挑戦せよ！」

Ⓟ＝ポイント
㊍＝キーワード
――＝大切

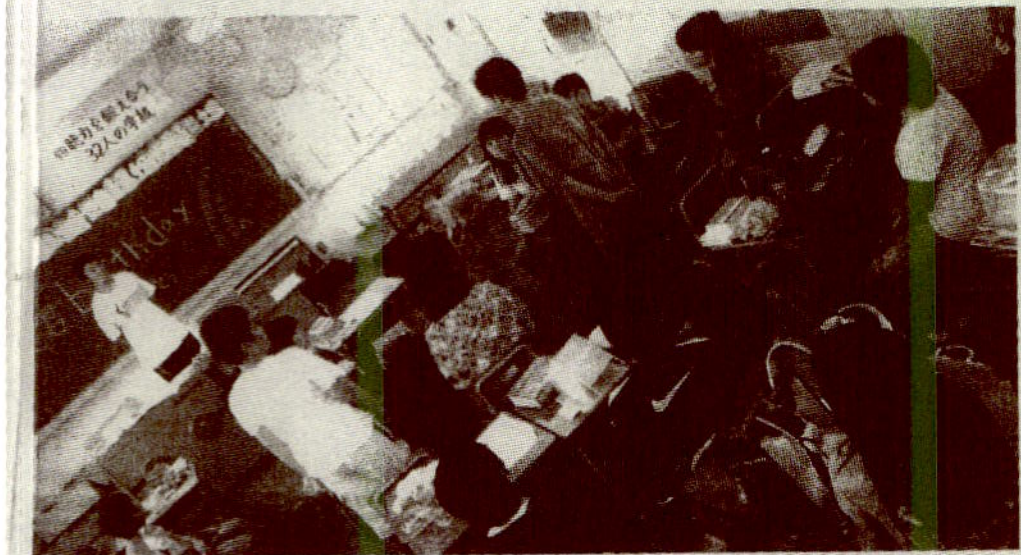

昨日は、北郷さんのほめ言葉のシャワーだった。その中で、「すばらしいなぁ」と強く思ったことをいくつか紹介しよう。正直とても驚いたことである。

今浪君が、「８００ｍ走の時、『後、〇周　がんばって』と応援してくれた。人を選ばない本郷さんは素敵です」と話した。もちろん北郷さんも立派だが、「人を選ばない」と言った今浪君にも感動した。長距離は苦手であろう。少し「遠慮」もあるのだろう。自分を飾ることなくそう言える彼には感動した。（綺麗）

「いつも同じ人と遊ぶが、今日は違っていた」「体育から教室に帰る時、友達と群れていなかった」「仲間外れをしない」といったほめ言葉がいくつかあった。

最後のスピーチで、「自分でも気をつけている＜群れない＞ということを言ってくれて（うれしかった）」と本人も話していた。見つけた人の「プラスの変化を見つける眼力」もさすがだが、そこに気をつけ始め、そのことを堂々と（自信あふれる。）言える北郷さんも強くなっている。

以前のこの通信でも書いたが、彼女の最後のスピーチは、

- 群れないことに気をつけている。そのことを言ってくれて・・・→自己確認（自分の中身を確認。）
- リーダーシップがあると５人の人が言ってくれて・・・・・・・→自己拡大（自分の志を大きく。）

と、２つの要素が見事に入っていた。落ち着いた内容（中身）のあるスピーチに拍手を送りたい。

最近のほめ言葉のシャワーは、学級みんなの確かであたたかい心の成長が伝わってくる。一人一人の「心の芯」がピシッとしてきている。進化し続けている３２人がよく分かる。

No.

Date 2009 10 8

この通じ合いをほめ言葉にどう生かすか！

このNO.39の通じ合いは北郷さんのほめ言葉の事を書いている。これは人にこのように言えばもっと喜こぶい事も書いてある。この通じ合いからほめ言葉のためのポイントを箇条書きでいくつか書く。

①立派とはとてもえらい事。
㊍立派はえらい事だからほめ言葉にも使っていく。
②「人を選ばない」は男女関係なくやっていっているという事。
㊍ほかにも「群れ」ないのも関係してくる。
③ゆずっている。
㊍変にさけていない。
④綺麗にしてない。
㊍飾らない人は自分に自信を持っていて希望、中身を沢山持っている。
⑤群れない人は飾らないのと同じで自信を持っている。理由は人と一緒にいたがるのは一人で行動が出来ないから群れない人は自信を持っている。
㊍これはみんな頑張っているので言ってあげると聞いている側は喜ぶ。
⑥これは内容ではなく探す時のポイントである。
㊍これを使うと、より人の良い所が見つけやすくなるし、眼で知る事が出来る。
⑦自分の中身の確認
㊍確認することは大切である。
⑧自分の志をもっともっと大きくしていく。
⑨内容は言葉探し方とは違って中身の問題である。だから内容によっても価値が変わる。どんなに良い言葉でも。
㊍内容は中身の問題である。
これがほめ言葉の時のポイントだ。一つだけだった⑥の良い所を探すポイントはこのようにしてやっていく。特に探さないと言えないので覚えないといけない。

③　友達のよいところ発見派

次のページからの三枚の写真は、「友達のよいところ発見派」の作品です。

前年度までの壊れた友達関係から、書かれた二学期には完全に脱却していることが分かります。

年間を通して「ほめ言葉のシャワー」を行っていると、ほぼすべての学級が次のような変化を見せてくれます。

一学期・・・排他的・攻撃的な状態のマイナスからスタートして、少しずつ理解し合おうといった雰囲気が出始める。

二学期・・・お互いを多面的に見ようとする雰囲気が生まれ、プラスに目を向けて成長し合おうといった雰囲気が教室に広がってくる。

三学期・・・一人ひとりが自信を持ち、教室の中に安心感が広がるにつれて、「自分のことも大好きだ」という子どもたちが育ってくる。

この「私の本」を書いた子どもは、「好きか嫌いか」「合うか合わないか」「強いか弱いか」といった二値的で単純な見方を友達にしていた自分から、多面的で温かい見方を友達にできる自分を育てようとしているのでしょう。丁寧な作品からもそのことがよく分かります。

この子どものこの作品をきっかけに、学級内でお互いのよさを見つけ合い、それらを認め合おうとする雰囲気が一気に広がっていきました。

自由勉強 2009 9 15

六年一組32人の良い所スペシャル!!

今日の自由勉強は、「六年一組32人良い所スペシャル!!」を書きます。

なぜかというと、先生は昨日の六時間目に黒板に、「①タイトル ②始め・中・まとめ ③○個に挑戦」と書いていました。

それで、今日は①・②を使って、③をします。

でもいきなり「〜が好きになるコツ、ベスト100」などというのは、私には少し難しいです。なので、今日はまず、私たちのクラス32人の良い所を書きます。

① いつも明るく、一緒に笑い合える。大事な友達。(井上さん)

② 強がりだけど、本当はとても優しい。(今泉くん)

③ 困った事があれば、何でも聞ける。お姉さん的存在。(入門さん)

④ いつもは真面目、でも一緒に遊ぶとすごく楽しい。(岩田くん)

⑤ いつも優しくかわいく、私の妹的存在。(加治さん)

⑥ 普段はあまり話さない、でも話してみると、以外と面白そう。(岐部さん)

⑦ 男子の中で一番ドラマや歌に詳しく、話しが合う、話しやすい。(清原くん)

⑧ 何でも知っている。物知り博士みたい。(後藤さん)

⑨ いつもは無口、でもパソコンの時など良くしゃべって楽しい。(佐藤くん)

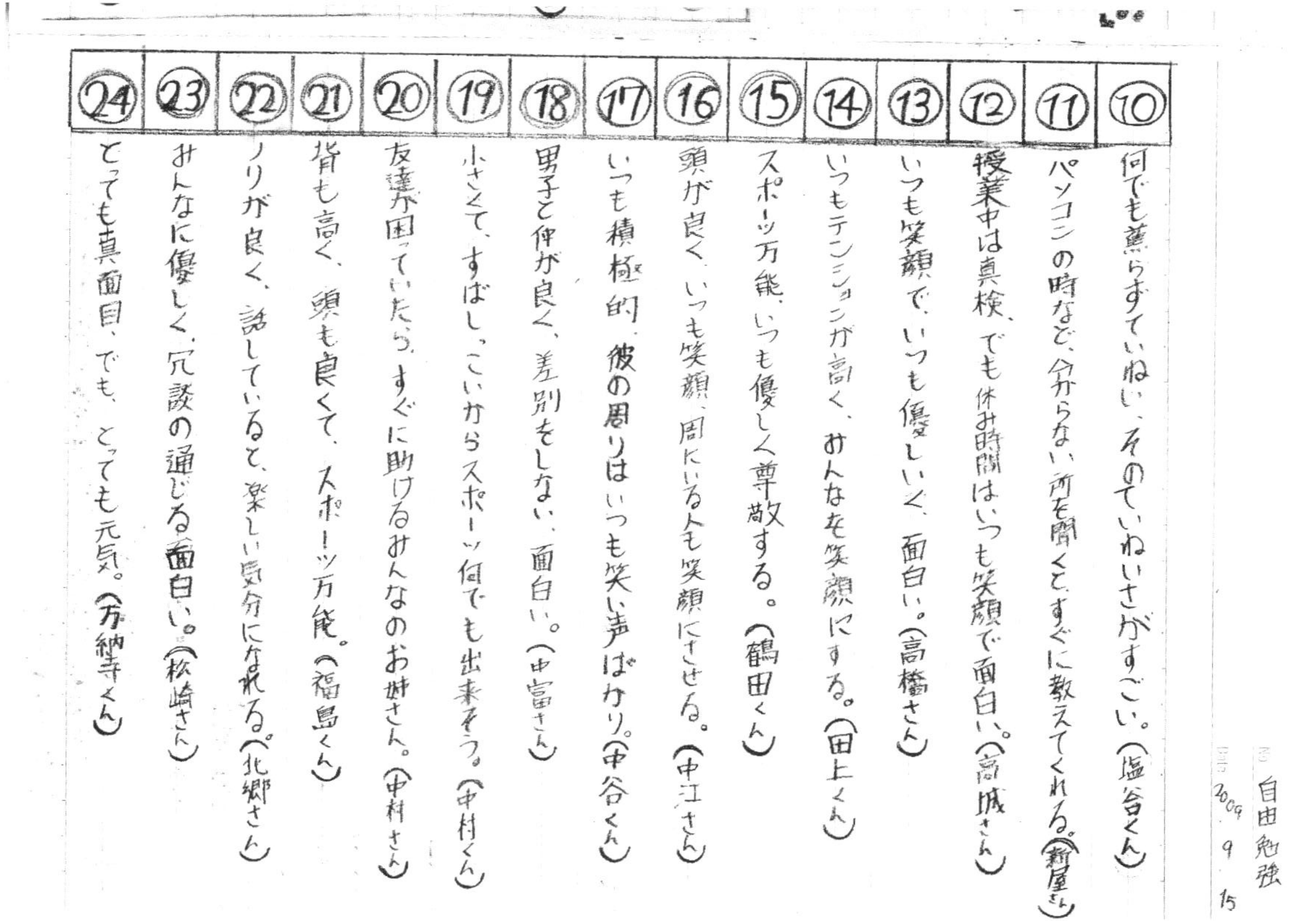

自由勉強
2009 9 15

⑩ 何でも怠らずていねい、そのていねいさがすごい。（塩谷くん）
⑪ パソコンの時など、分からない所を聞くとすぐに教えてくれる。（新屋さん）
⑫ 授業中は真検、でも休み時間はいつも笑顔で面白い。（高城さん）
⑬ いつも笑顔で、いつも優しいく、面白い。（高橋さん）
⑭ いつもテンションが高く、みんなを笑顔にする。（田上くん）
⑮ スポーツ万能、いつも優しく尊敬する。（鶴田くん）
⑯ 頭が良く、いつも笑顔、周にいる人も笑顔にさせる。（中江さん）
⑰ いつも積極的、彼の周りはいつも笑い声ばかり。（中谷くん）
⑱ 男子と仲が良く、差別をしない、面白い。（中富さん）
⑲ 小さくて、すばしっこいからスポーツ何でも出来そう。（中村くん）
⑳ 友達が困っていたら、すぐに助けるみんなのお姉さん。（中村さん）
㉑ 背も高く、頭も良くて、スポーツ万能。（福島くん）
㉒ ノリが良く、話していると、楽しい気分になれる。（北郷さん）
㉓ みんなに優しく、冗談の通じる面白い。（松崎さん）
㉔ とっても真面目、でも、とっても元気。（万納寺くん）

自由勉強

Date 2009. 9. 15

㉕ いつも笑っていて、小さくて、みんなの弟的存在。（森川くん）

㉖ 分からない所はすぐに教えてくれる、頭の良いお兄さん。（西本くん）

㉗ 恥ずかしがらず、むちゃぶりにも、何でも答えてくれる。（原くん）

㉘ スベっても、みんなを笑わせようと、あきらめない。（焼谷くん）

㉙ 女子の中でも一番面白い、クラスのムードメーカー（吉武さん）

㉚ いつもはしゃいでいて、いつまでも、一年生のようで、かわいい。（吉川さん）

㉛ 何でも笑う。その笑顔を見ると、私も笑顔になる。（吉田さん）

㉜ 初めて知る事を、何でも教えてくれる、クラスの先生。（菊池先生）

これが、「六年一組32人の良い所スペシャル!!」です。みんなそれぞれ良い所があるのはやっぱりいいなと思いました。これからの自由勉強も、色々こんな風に○○個に挑戦というのをしていきたいと思います。

そうすれば自分の考える力の成長ともなるし、このノートを見てくれた人たちも、成長出来ると思うからです。

出ましたね。

先生の考えている「何か」とピッタリです。待っていました。

その「何か」は、また別な時に。

☆ ある出来事に限定して、より具体的に書けるようになると"スーパー6年生"です。

9/16

④ 生活向上派

次は、生活向上派の作品です。

毎日のほめ言葉のシャワーに関する内容を書いています。学級が落ち着いた状態になってきている時期なので、客観的に振り返ることができるようになっているのでしょう。このような生活向上派の内容は、ちょっと紹介するだけで急激に増えてきます。

例えば、

・気持ちのよいあいさつのポイントは何か
・望ましい学習態度とはどのようなものか
・言葉遣いの何をどう改めるべきなのか
・掃除のレベルを上げるためにこうしたらよい
・コミュニケーション力アップの秘訣

といった内容が、この年の「私の本」では人気が高かったようです。

この作品をつくった子どもは、自分自身を高めていき、学級のリーダーの一人として活躍してくれました。卒業前に、彼の母親が、

「子どもが変わりました。自分の生活を自分で高めていきました。書く中で自分をつくりました」

という言葉を何度も口にされていました。

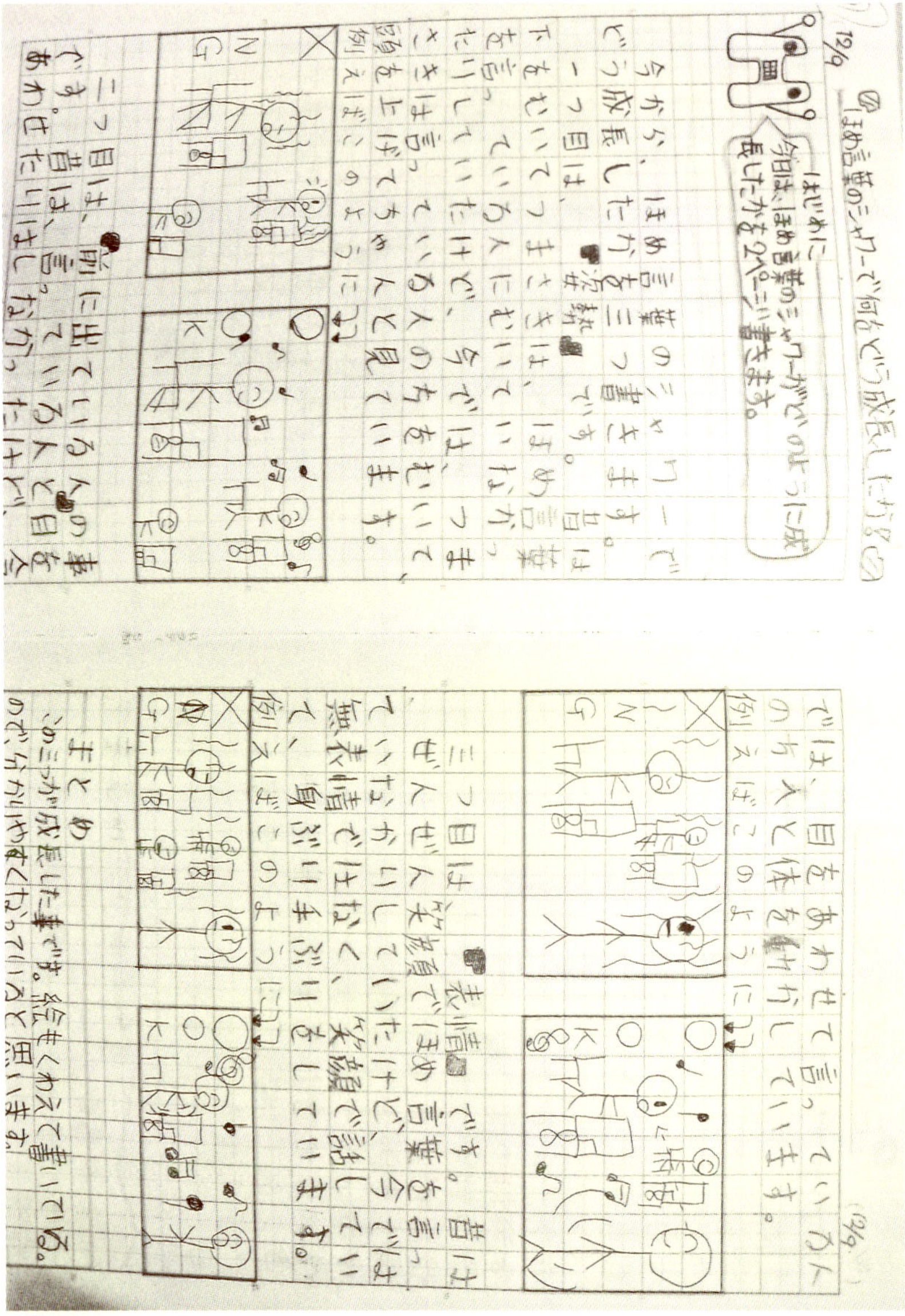
ほめ言葉のシャワーで何がどう成長したか
12/9
はじめに
今日は、ほめ言葉のシャワーがどのように成長したかを2ページに書きます。
今から、ほめ言葉のシャワーで
どう成長したかを三つ書きます。
一つ目は、姿勢です。昔は
下をむいてつまさきは、ほめ言葉
を言っている人にむいていなかっ
たりしていたけど、今ではつま
さきは言っている人の方をむいて、
頭を上げてちゃんと見ています。
例えばこのように
NG
二つ目は、前に出ている人の事を
です。昔は、言っている人と目を合
あわせたりはしなかったけど、
12/9
では、目をあわせて言っている人
の方へ体を動かしています。
例えばこのように
NG
三つ目は、表情です。昔は
ぜんぜん笑顔でほめ言葉を言っては
いなかったりしていたけど、今では
無表情ではなく、笑顔で話してい
て、身ぶり手ぶりをしています。
例えばこのように
NG
まとめ
この三つが成長した事です。絵もくわえて書いているので分かりやすくなっていると思います。

⑤　マンガ派

マンガ派の子どもの作品です。

子どもたちにとって、「マンガでもかまいません」という教師の言葉は、衝撃だったようです。マンガ＝勉強ではない、と考えているからでしょう。

マンガを描くことが得意な子どもは、どの学級にもいます。描くことは苦手でも、多くの子どもにとって読むことはとても楽しいものです。それだけに、このマンガ派は人気があります。

次のページの作品は、平成二六年度の六年生の子どもの作品です。自分の成長のストーリーをマンガで表現しようとしています。架空の人物を作ってのストーリーの展開や、人物の心理描写などからも分かるように、読み手を引きつける面白さがあります。

マンガ派の作品には、

- 学習マンガ派
- 学級マンガ派
- 個人マンガ派

という三つの大きなジャンルに分けられます。

彼のマンガ派「私の本」には、たくさんの読者がいます。まさしく「私の本」になっています。「自分の得意なことで喜ばれるのはうれしい」と、私によく話しかけてくれています。

卒業文集
スペシャル!
4年生!!
最大のカベ
6年生!!
は一っ!
最後に、表にして表してみましょ!
中学た、パーマやメガネを見ておらい、だす。
「バカの王道」略して「B.O.」が出てきたの。
だから…
でもまだゆっくりはしとったらいかんぜ!
まだまだやらんか!
おう!
これからもよろしくおねがいします!!
END

⑥　シリーズ派

最後に紹介するのは、あるテーマを継続して書き続ける「シリーズ派」の作品です。「私の本」を楽しいと感じ始めると、自然にこの「シリーズ派」が誕生してきます。「続き」を書いてくるようになるのです。平成二二年度に多かったシリーズ名は、次のようなものがありました。

・話し合い学習から学んだこと
・友達関係改善計画
・ほめ言葉のシャワーで何が変わったか
・私の成長物語（なぜ、私は成長できたのか、私を変えてくれた人たち　など）
・友達の成長（〇〇さんのここが素晴らしい、〇〇さんから学んだこと　など）
・学級の成長（なぜ、六年一組は成長できたのか、六年一組成長ストーリー　など）
・私の好きなところ（私の自慢を教えます、みんなの知らない私のよいところ　など）
・これからの私たち（中学校生活までに身につけておくべきこと、夢をもった生き方とは　など）

シリーズ化してくると、その「私の本」の読者が増えてきます。教室のいたるところで読み合う姿が見られるようになってきます。より内容のある文章を書こうという意欲も増してくるようです。

次ページから紹介する作品は、学級全員を毎日一人ずつ紹介した子どもの「私の本」の一部です。全員の紹介が終わったときに、すべてを印刷して綴じました。まさしく「私の本」になった瞬間でした。

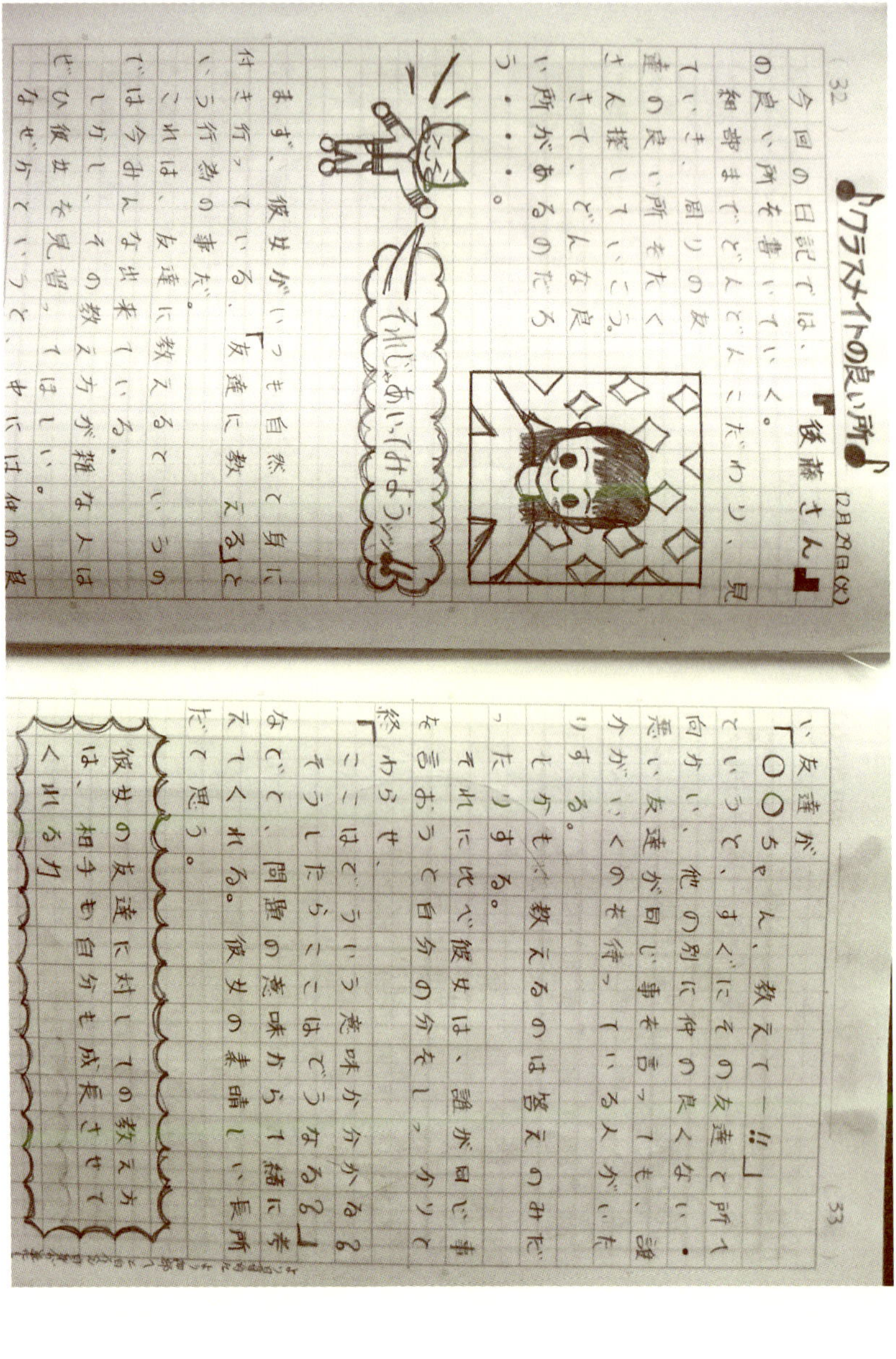
(32)

♪クラスメイトの良い所♪ 12月29日(火)

今回の日記では、『後藤さん』の良い所を書いていく。

細部までどんどんこだわり、見ていき、周りの友達の良い所をたくさん探していこう。

さて、どんな良い所があるのだろう・・・。

まず、彼女がいつも自然と身に付き行っている、「友達に教える」という行為の事だ。

これは、友達に教えるというのでは今みんな出来ている。

しかし、その教え方が雑な人はぜひ彼女を見習ってほしい。

なぜかというと、中には他の良

(33)

い友達が「〇〇ちゃん、教えてー!!」ていうと、すぐにその友達と所へ向かい、他の別に仲の良くない・悪い友達が同じ事を言っても、誰かがいくのを待っている人がいたりする。

とかも、教えるのは答えのみだったりする。

それに比べ彼女は、誰が同じ事を言おうと自分の分をしっかりと終わらせ、

「ここはどういう意味か分かる?

そうしたらここはどうなる?」などと、問題の意味から丁寧に考えてくれる。彼女の素晴しい長所だと思う。

彼女の友達に対しての教え方は、相手も自分も成長させてくれる力

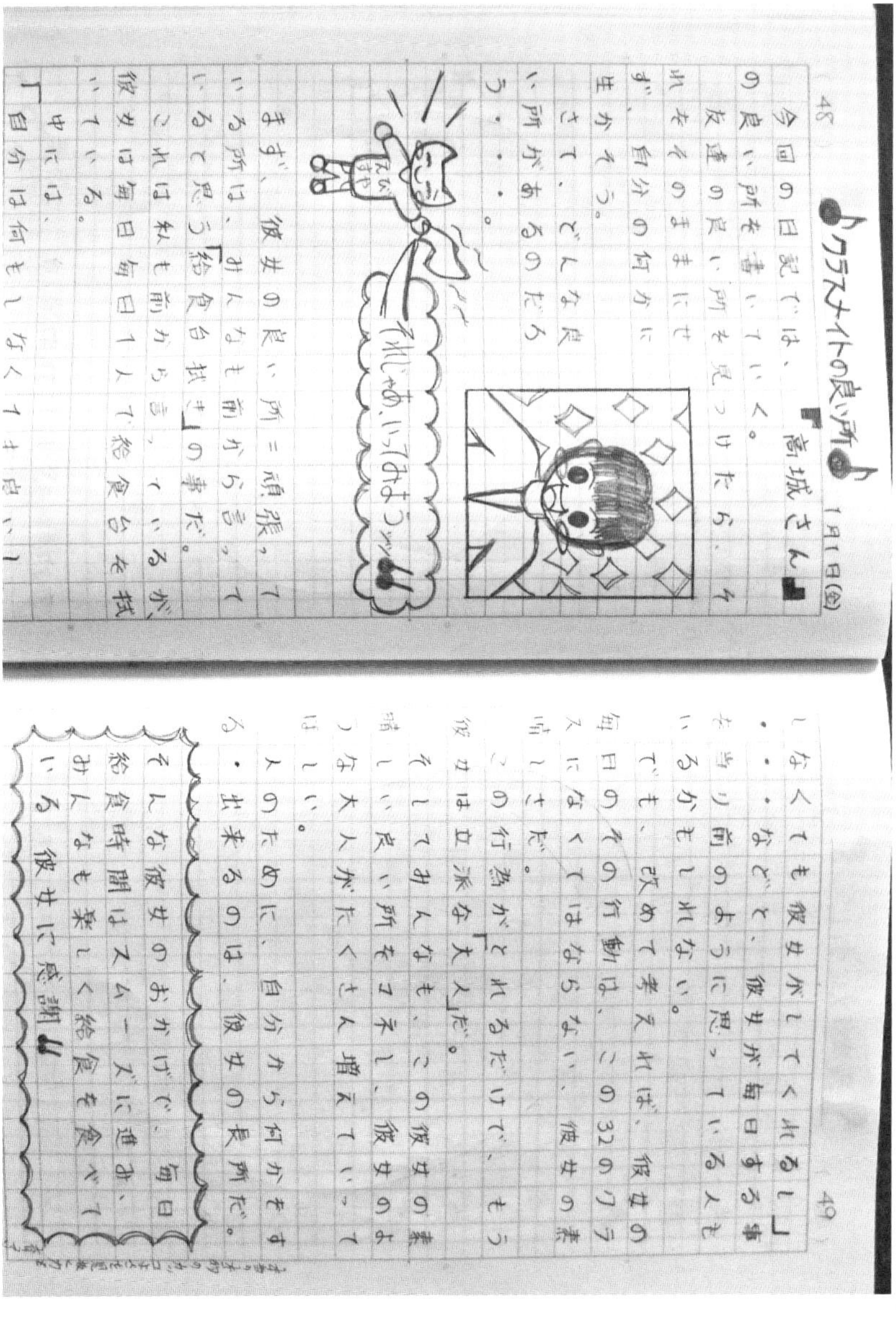
48
クラスメイトの良い所
1月1日(金)
今回の日記では、『高城さん』の良い所を書いていく。
友達の良い所を見つけたら、それをそのままにせず、自分の何かに生かそう。
さて、どんな良い所があるのだろう・・・。
えびすや
それじゃあ、いってみようッッ
まず、彼女の良い所＝頑張っている所は、みんなも前から言っていると思う「給食台拭き」の事だ。
これは私も前から言っているが、彼女は毎日毎日1人で給食台を拭いている。
中には、
「自分は何もしなくても良い
49
しなくても彼女がしてくれるし」・・・などと、彼女が毎日する事を当り前のように思っている人もいるかもしれない。
でも、改めて考えれば、彼女の毎日のその行動は、この32のクラスになくてはならない、彼女の素晴しさだ。
この行為がとれるだけで、もう彼女は立派な「大人」だ。
そしてみんなも、この彼女の素晴しい良い所をマネし、彼女のような大人がたくさん増えていってほしい。
人のために、自分から何かをする・出来るのは、彼女の長所だ。
そんな彼女のおかげで、毎日給食時間はスムーズに進み、みんなも楽しく給食を食べている 彼女に感謝

3. 「私の本」の実践で育つ子どもたち

「私が、この賞を手にできたのは、四月からの作文学習のおかげだと思います。以前の自分だったら、挑戦してみようという気持ちにもならなかったと思います。書くことに自信もありませんでした。そもそも、私自身に自信などありませんでした。そんな私を変えてくれたのが、学級で行った菊池先生コミュニケーションの授業であり、書くという作文の学習でした。

作文の中では特に、『私の本』の取り組みがよかったです。とてもおもしろかったです。

夜遅くまで、何を書こうかと考えたこともありました。

書き始めると、二、三時間は平気になりました。最高で十五ページ書いたこともありました。

私の十二年間を物語にしようと思えたのも、『私の本』があったからです。感謝しています。

過去には辛いこともありました。

でも今は、しっかりと前を向いて生きていこうと思っています。

一年間で私を変えてくれたみんなや先生に感謝しています。ありがとうございました。」


この文章は、平成二二年度の菊池学級で一年間過ごした坂本風さんが、その年の「北九州市子どもノンフィクション文学賞」に自分の作品を応募し、入選したときに書いたものです。

彼女の作品は、それまでの荒れた学級でいじめに遭い、自殺まで考えた悲しい過去があったこと、小学校最後の一年間で自分らしさを見つけ、今は希望にあふれる毎日を過ごしているといったことを、彼女の言葉で素直に表現していました。


彼女は、悲しいことがあった過去を感じさせない素敵な笑顔で、授賞式のステージの上でカメラの撮影に応じていました。

私は、招待されたその受賞会場の片隅で、彼女の笑顔を見ながら、大きく成長した学級の一年間を思い出していました。担任として、幸せな時間でした。


坂本風さんだけではなく、「私の本」で自分と対峙し、ありのままの自分と対話し、そんな中で本当の自分らしさを見つけていった子どもたちは、大きく成長していきます。「書く」という行為を通して、人間的にもたくましく成長していくのです。

「しっかりと前を向いて生きていこうと思っています」

という坂本風さんの言葉は、「私の本」という学びを経験した多くの子どもたちの心の言葉だと思っています。

おわりに

私が若いときに、師匠である桑田泰助先生と、次のような会話をさせていただきました。

「菊池さん。子どもに最初から百行の作文を書かせようとしても書けないよ。どうしたらいい?」

『・・・分かりません』

「百行書けないんだから、まず、九十九行を教師が書いてやればいい」

『・・・』

「そして、『ほら、続きを書いてごらん』と言うんだ。最後の一行を書かせるんだ」

『・・・』

「そして、『すごいなあー。これで百行だ。君は、作文すごいな』と、ほめてやるんだ」

『・・・』

「そしたら、次は、半分の五十行書いてやると残りを書けるようになるかもしれない。その次は、二十五行でよくなるかもしれない。一年後に、自分で百行書けるようになるかもしれない」


こんな会話だったと覚えています。時々思い出しては、戒めとしている師匠からの教えです。

その後の日々の実践の中で、「できないことを子どもの責任にしてはいけない」「子どもを信じなさい」「子どもに寄り添いなさい」・・・といったことを、私は反芻し続けるようになりました。「人間は必ず変わるのだから、その可能性を信じて目の前の子どもにできることをしなさい」といったことを教えていただいたと私は受け止めています。我々教師が、忘れてはいけないことだと思います。教育の芯にあたる考え方だと思います。

本著は、このような考え方に立ってつくられたものです。作文指導を通して、人間を育てるという私たち菊池道場の基本的な考え方に立ってまとめたものなのです。巷に溢れる「ハウツー本」とは違って、「言葉で人間を育てる」という私たちの考え方を前面に出した作文指導の本なのです。

何度も道場に集まり、検討を重ねる中で執筆していただいた田中聖吾氏、中雄紀之氏には、貴重な実践を提供していただきました。ありがとうございました。また、なかなか筆の進まない私たちを、粘り強く励まし応援していただいた株式会社中村堂の中村宏隆氏には、心からお礼を申し上げます。

本著が、全国の多くの子どもたちの人間的な成長に役立つことを願っています。

平成二七年二月二八日

菊池道場長　菊池　省三

●著者紹介

【第一章・第六章】

菊池省三（きくち・しょうぞう）

1959年愛媛県生まれ。「菊池道場」道場長。元福岡県北九州市公立小学校教諭。山口大学教育学部卒業。文部科学省の「『熟議』に基づく教育政策形成の在り方に関する懇談会」委員。平成28年度　高知県いの町教育特使。大分県中津市教育スーパーアドバイザー。三重県松阪市学級経営マイスター。著書は、「コミュニケーション力豊かな子どもを育てる　家庭でできる51のポイント」「個の確立した集団を育てる　ほめ言葉のシャワー決定版」「1時間の授業で子どもを育てる　コミュニケーション術100」「1年間を見通した白熱する教室のつくり方」「価値語100ハンドブック」「『話し合い力』を育てる　コミュニケーションゲーム62」（以上、中村堂）など多数。

【第二章・第三章・第五章1／2／3／5】

田中聖吾（たなか・せいご）

福岡県北九州市立大原小学校教諭

【第四章・第五章4】

中雄紀之（なかお・のりゆき）

福岡県北九州市立穴生小学校教諭

2016年12月31日現在

人間を育てる　菊池道場流

作文の指導

2015年4月15日　第1刷発行
2017年1月20日　第2刷発行

著　／菊池省三　田中聖吾　中雄紀之
発行者／中村宏隆
発行所／株式会社　中村堂
〒104-0043　東京都中央区湊3-11-7
湊92ビル 4F
Tel.03-5244-9939　Fax.03-5244-9938
ホームページアドレス　http://www.nakadoh.com
編集協力・デザイン／佐川印刷株式会社
印刷・製本／佐川印刷株式会社

◆定価はカバーに記載してあります。
◆乱丁・落丁の場合はお取り替えいたします。

ISBN978-4-907571-14-6